**HAYMON** taschenbuch **194**

AF203023

Gedruckt mit freundlicher Unterstützung
durch die Kulturabteilung des Landes Tirol.

Auflage:
7      6      5      4
2027  2026  2025  2024

**HAYMON** tb **194**

Originalausgabe
© Haymon Taschenbuch, Innsbruck-Wien 2015
www.haymonverlag.at

**ISBN 978-3-7099-7819-1**

Umschlag- und Buchgestaltung nach Entwürfen von
hœretzeder grafische gestaltung, Scheffau/Tirol
Umschlag: hœretzeder grafische gestaltung, Scheffau/Tirol
Satz: Da-TeX Gerd Blumenstein, Leipzig
Coverbild: Johann „Rukeli" Trollmann 1928 (aus der Bildersammlung der
Familie Trollmann)
Autorenfoto Felix Mitterer: Thomas Böhm/TT

Weitere Informationen zu Johann „Rukeli" Trollmann finden Sie auf der
Website des Vereins „Rukeli Trollmann e.V." unter www.rukeli-trollmann.de

Gedruckt auf umweltfreundlichem,
chlor- und säurefrei gebleichtem Papier.

# Felix Mitterer
# Der Boxer

## Theaterstück

Frei nach dem Schicksal des Sinto-Boxers
Johann „Rukeli" Trollmann

Mit einem Nachwort
von Marie-Luise Ramos-Farina

Felix Mitterer
**Der Boxer**

**Felix Mitterer**
**Vorwort**

2003 erfuhr ich über das deutsche Fernsehen von der Existenz des Sinto-Boxers Johann „Rukeli" Trollmann. Der „Bund deutscher Berufsboxer" hatte ihm endlich – posthum – den Meisterschaftstitel, der ihm 1933 von den Nazis wegen „undeutschen Boxens" aberkannt worden war, wieder zuerkannt und übergab den Meisterschaftsgürtel symbolisch an seine noch lebenden Verwandten Louis und Manuel Trollmann.

Vor allem eine von den Medien überlieferte Szene ließ mich nicht mehr los: Nachdem die Nazis Rukeli mit Konsequenzen drohten, wenn er beim nächsten Kampf sein „zigeunerisches Herumgeflitze" nicht bleiben lasse, betrat er den Ring mit blond gefärbten Haaren und mehlbestäubtem Körper, stellte sich flachfüßig in den Ring und gab die Parodie eines „aufrechten deutschen Faustkämpfers". Was folgte, war das Grauen, war der Tod, aber ich war wieder auf einen Unbeugsamen gestoßen, auf einen, den die Verbrecher, die Massenmörder nicht besiegen konnten. So wie Leo Reuss, den Schauspieler, der als Jude das Theater verlassen musste und als arisches Naturtalent Kaspar Brandhofer wiederkehrte, gefeiert von den Nazis, bis sie merkten, dass sie da einer grandios an der Nase herumgeführt hatte („In der Löwengrube", Uraufführung 1998 Volkstheater Wien).

Ich musste unbedingt über Rukeli schreiben. Und begann nachzuforschen. Der Maler, Satiriker und aufrechte Antifaschist Hans Firzlaff aus Hannover, der

Heimatstadt von Rukeli, selbst Boxer in seiner Jugend und großer Verehrer von Rukeli, begann schon in den 1960er-Jahren zu recherchieren. Niemand interessierte sich, und so gab er schließlich sein Buch 1997 im Eigenverlag heraus. 2012 verstarb er. Danke, Hans Firzlaff!

Es folgte im Jahre 2000 das Buch „Kampftage – die Geschichte des deutschen Berufsboxens" von Knud Kohr und Martin Krauß, in dem Rukeli ausführlich vorkommt. Und dann der Durchbruch, der Rukeli endgültig einem größeren Publikum bekannt machte: „Leg dich, Zigeuner – die Geschichte von Johann Trollmann und Tull Harder" von Roger Repplinger (Piper 2008), wo wir nicht nur wichtige, neue Erkenntnisse über Rukeli erfahren, sondern wo der Autor dem Sportler und KZ-Häftling Johann „Rukeli" Trollmann einen anderen Sportler gegenüberstellt, nämlich den berühmten Fußballer Tull Harder, der Wächter im KZ Neuengamme bei Hamburg wurde, im selben KZ, in dem auch Rukeli inhaftiert war, zum Boxen gezwungen wurde und letztlich starb. Dank an Roger Repplinger!

Ich hatte schon 2005 zu schreiben begonnen, ein Drehbuch, denn Boxen am Theater schien mir ein Ding der Unmöglichkeit. Mein Vorfühlen beim Fernsehen, bei Filmproduzenten war nicht erfolgreich. Ich ließ es wieder bleiben.

2013 dann der Erfolg mit „Jägerstätter" (dem Bauern, der sich lieber enthaupten ließ, als für die Nazi-Verbrecher in den Krieg zu ziehen) im Wiener Theater an der Josefstadt. Hauptdarsteller Gregor Bloéb. Der Mann, der mit dem Motorrad Paris-Dakar fährt, der auch am Theater seinen Körper so einsetzt wie Robert de Niro den seinen im Film. Stephanie Mohr, die Regisseurin, Gregor, der Theaterdirektor Herbert Föttinger und ich setzten uns zusammen. Wie soll es mit uns weitergehen? Was machen wir als Nächstes? Never change a winning team! Ich schaute Gregor an, der mir immer (mitsamt seinen Brüdern) wie ein „Karrner" vorgekommen war, so nennt man bei uns in Tirol die „Jenischen", die Fahrenden. Menschen, die – wie die Sinti und Roma – gesegnet sind mit großer Lebensfreude, mit großem Lebensmut, Menschen, die sich nicht unterkriegen lassen, so widrig auch die Umstände sein mögen. Da fiel es mir wie Schuppen von den Augen: Gregor muss Rukeli spielen!

Allgemeine Zustimmung: Schreib das. – Boxen am Theater? Wie soll das gehen? Das schob ich beiseite. Steffi Mohr wird einen Weg finden. Tat sie auch schon beim „Jägerstätter". Da gab es auch Regieanweisungen, Szenen von mir, die unmöglich 1 zu 1 umsetzbar waren. Steffi fand eine Umsetzung.

Und so schrieb ich das Stück. Wichtig war mir: über Rukeli erzählen heißt auch, dem Publikum Genaueres über die Verfolgung der Sinti und Roma zu erzählen. Aus diesem Grund habe ich einen Teufel in Menschengestalt zu einer der Hauptfiguren erwählt: Dr. Robert Ritter, Leiter der „rassenhygienischen Forschungsstelle" im Reichsgesundheitsamt in Berlin. Ritter beschäftigte sich geradezu obsessiv mit den Sinti und Roma in Deutschland, und nach dem Anschluss auch in Österreich. Das sogenannte „Zigeunerbuch" der Münchner Polizei vom Jahre 1905 als Vorbild und Grundlage nehmend, das bereits über 3000 Personenbeschreibungen enthielt, begutachtete Ritter mit seinem „fliegenden" Team 24.000 Sinti und Roma, indem er sie vermaß, ihnen Blut und Fingerabdrücke abnahm, sie fotografierte, Namen, Geburtsort, Heimat, Beruf und körperliche Kennzeichen aufschrieb. Seine pseudowissenschaftlichen bis irrwitzigen Gutachten bildeten die Grundlage für die Zwangssterilisation und Vernichtung tausender Sinti und Roma. Nach dem Krieg wurde er (wie so viele andere) für seine Untaten nicht zur Verantwortung gezogen. Zwar erstatteten einige überlebende Opfer Anzeige gegen ihn, aber er verteidigte sich erfolgreich mit dem Argument, die Zeugen seien „asoziale Elemente und zu jeder Unwahrheit bereit", beweisbar durch seine damaligen Gutachten.

Große Karriere machte Ritter keine mehr, aber immerhin schaffte er es bis zum Medizinalrat, leitete ab 1947 in Frankfurt die „Fürsorgestelle für Gemüts- und Nervenkranke" sowie die Jugendpsychiatrie der Stadt.

Eine Besonderheit, die wohl noch nicht ausführlich genug erforscht wurde, bilden die in den KZs abgehaltenen Boxkämpfe. Die meisten fanden offenbar in Auschwitz statt und dienten zur Belustigung der Kommandanten und SS-Männer. Auch immer höhere Wetten auf die Kämpfe wurden abgeschlossen. Der Verlierer wurde meistens sofort erschossen, außer es handelte sich um eine Berühmtheit, von der man noch höhere Wettprämien erwarten konnte. Die Boxer, meistens Juden, kamen aus ganz Europa. Hier zum Gedenken einige der Namen:

Victor „Young" Perez, im französischen Tunesien geboren, Weltmeister im Fliegengewicht, 1943 aus Paris nach Auschwitz deportiert, nach vielen Boxkämpfen erschossen am 22. Jänner 1945.

Noach Klieger aus Straßburg, 1943 als 17-Jähriger nach Auschwitz deportiert. Überlebte zweiundzwanzig Boxkämpfe, überlebte den Todesmarsch, wurde einer der Kommandanten des legendären Schiffes „Exodus", das Juden nach Palästina brachte.

Leendert „Leen" Josua Sanders wurde mit der gesamten Familie 1941 nach Auschwitz deportiert. Die Familie wurde ermordet, Leen Sanders überlebte durch Boxen.

Der Italiener Leone „Lelleto" Efrati verlor 1938 knapp gegen den amerikanischen Weltmeister Leo Rodak. 1940 kam er nach Auschwitz und musste gegen wesentlich schwerere Gegner boxen, die er alle bezwang. Am 19. April 1944 verteidigte er seinen Bruder, der von Wachleuten schwer misshandelt wurde. Das kostete ihn das Leben.

Der Grieche Salomo Arouch wurde 1941 mit 17 Jahren Balkanmeister im Weltergewicht. Nachdem die Wehrmacht Griechenland besetzt hatte, kam er mit der gesamten Familie nach Auschwitz. Insgesamt absolvierte er 208 Kämpfe, keinen einzigen verlor er. Kurz vor Ende des Krieges wurde er nach Bergen-Belsen gebracht, wo er die Befreiung erlebte.

Jacko Razon, Freund von Salomo Arouch, 1939 18-jährig griechischer Meister der Amateure, wurde ebenfalls nach Auschwitz deportiert, überstand ungefähr 120 Kämpfe, landete am Ende auch in Bergen-Belsen, sollte dort gegen seinen Freund Salomo boxen, aber die Befreiung des Lagers durch die britische Armee im Mai 1945 verhinderte das.

Der Pole Tadeusz „Teddy" Pietrzykowski lernte das Boxen erst mit 20 Jahren, wurde zuerst Warschauer, dann polnischer Vizemeister im Bantamgewicht. 1939 half er mit, Warschau zu verteidigen, wollte dann nach Frankreich fliehen, wurde aber verhaftet und nach Auschwitz gebracht. Nach etwa 40 Boxkämpfen wurde er in das KZ Neuengamme bei Hamburg verlegt, wo er noch einmal etwa 20 Kämpfe absolviert haben soll. Ob er in Neuengamme auch gegen Johann „Rukeli" Trollmann kämpfte, wissen wir nicht.

„Kid Francis" war der Spitzname eines in Frankreich lebenden Italieners namens Francesco Buonagurio. 1925 wurde er französischer Bantamgewichtsmeister, 1931 begeisterte er im New Yorker Madison Square Garden bei einem Schaukampf gegen Fidel LaBarba. Als die Wehrmacht Paris besetzte, wurde er nach Auschwitz deportiert, wo er viele Boxkämpfe absolvierte. 1943 erschoss man ihn.

Hertzko Haft ist neben Johann „Rukeli" Trollmann wohl der berühmteste KZ-Boxer. Protegiert von einem SS-Mann, lernte der Pole erst im Auschwitz-Nebenlager Jaworzno boxen, absolvierte siegreich unzählige Kämpfe und entkam Ende des Krieges bei einem Todesmarsch. In Amerika wurde er zu einem bekannten Boxer und verlor am 18. Juli 1949 gegen den späteren Schwergewichtsweltmeister Rocky Marciano durch K.-o. in der dritten Runde. Erst gegen Ende seines Lebens brach er sein Schweigen und erzählte seinem Sohn Alan Scott Haft sein schreckliches Schicksal. 2006 erschien das Buch „Harry Haft – Auschwitz survivor, challenger of Rocky Marciano" in Amerika, 2009 in deutscher Übersetzung beim „Verlag Die Werkstatt" unter dem Titel „Eines Tages werde ich alles erzählen – die Überlebensgeschichte des jüdischen Boxers Hertzko Haft".

Es folgte 2012 vom Zeichner Reinhard Kleist eine „graphic novel" unter dem Titel „Der Boxer – Die wahre Geschichte des Hertzko Haft" beim Carlsen Verlag, in dessen Anhang sich der Artikel „Boxen im KZ" des Berliner Sportjournalisten Martin Krauß befindet, dem all die von mir zitierten Boxer-Schicksale entnommen sind.

Ein weiteres, großes Problem hatte ich noch beim Schreiben dieses Stückes. KZ kann man nicht darstellen. Weder im Film noch auf der Bühne. Im Film engagiert man 500 möglichst abgemagerte Statisten, schert ihnen die Haare, schminkt sie noch abgehärmter, steckt sie in dreckige, zerschlissene Häftlingskleidung. Es hilft alles nichts, die Peinlichkeit bleibt. Ich half mir damit, dass wir in meinem Stück nur zwei Häftlinge sehen, nämlich Rukeli und seinen Bruder „Stabeli", alle anderen bleiben unsichtbar. Und doch fehlte mir etwas von dem abgrundtiefen Grauen, das KZ bedeutet. Da erinnerte ich mich an einen Dokumentarfilm, den ich 2005 gesehen hatte und den ich nie vergessen werde. Er heißt „Unter den Brettern hellgrünes Gras" und stammt von der Filmemacherin Karin Berger. Viele Jahre lang hat Karin Berger die österreichische Romni Ceija Stoijka besucht, begleitet, interviewt, wurde schließlich zur vertrauten Freundin. Aus den Gesprächen entstanden mehrere Bücher und Filme. Und ganz am Ende, im letzten Film, öffnet sich Ceija Stoijka plötzlich ganz und gar. Sie beginnt zu sprechen, wie im Traum, und erzählt, was sie erlebt hat, als kleines Mädchen, gegen Ende des Krieges, in

Bergen-Belsen. Tausende von toten Häftlingen liegen herum, Seuchen grassieren, es gibt keinen Nahrungsmittelnachschub mehr, die Häftlinge verhungern, die SS überlässt die Todgeweihten ihrem Schicksal, lässt sich nicht mehr blicken. Und Ceija erzählt vom grünen Gras, das sie und ihre Mutter unter Brettern finden, und es schmeckt wie Zucker, und erzählt vom bernsteinfarbenen Harz, das aus einem kleinen Baum kommt, und es schmeckt wie das pure Leben, und erzählt von den Leichen, von denen sich viele Häftlinge ernähren, nicht aber die Sinti und Roma, die sterben lieber als Menschenfleisch zu essen; nein, Ceija macht etwas ganz anderes: sie spricht zu den Toten, sie macht sich ganz vertraut mit ihnen, und dann schlüpft sie hinein in eine der toten, ausgehöhlten Frauen, dort drinnen ist es warm und angenehm und man erfriert nicht.

Und so hört nun Rukeli (Dank an Karin Berger für die Erlaubnis!), schon nicht mehr wirklich da, kurz vor seinem Ende, auch kurz vor dem Ende seines großen Gegners, die Stimme dieses Mädchens Ceija Stoijka, das ihm und uns vom Grauen erzählt, aber auch von der Hoffnung und von der Lebensfreude ihres wundervollen Volkes.

Ungefähr eine halbe Million Roma und Sinti aus dem Deutschen Reich und den besetzten Ländern wurden ermordet. Nach dem Krieg wurden sie sehr schnell zu den „vergessenen Opfern". In Deutschland und Österreich lehnte man eine Wiedergutmachung Jahrzehnte lang mit der Begründung ab, man habe die „Zigeuner" nicht aus „rassischen" Gründen umgebracht, sondern weil sie als „Asoziale" galten.

„Der Boxer" erinnert an die ermordeten Sinti und Roma und gibt ihnen und uns einen Helden, der sich von den Nazis niemals unterkriegen ließ, auch wenn sie ihn am Ende töteten.

Rukeli lebt.

Dank an die Familie Trollmann, die mich bei meinem schwierigen Vorhaben unterstützte.

**Personen:**


Johann „Rukeli" Trollmann, *Sinto, Boxer*
Reinhard Wolf, *Boxer, später Lagerkommandant*

Olga Bilda, *deutsche Frau von Rukeli*

Familienmitglieder, die auftreten:
Vater Wilhelm „Schnipplo" (66)
Mutter Friederike „Pessi" (60)
Bruder Wilhelm „Carlo" (etwas älter als Rukeli)
Bruder Heinrich „Stabeli" (zehn Jahre jünger als Rukeli)

Heinz Harms, *Polizist bei der „Zigeunerzentrale"* (50)
Dr. Robert Ritter, *Leiter der Rassenhygienischen For-schungsstelle* (40)

Kid Francis, *Boxer im KZ (kein Dialog, nur boxend)*
Ringrichter (Statist)
Sprecherstimme
Mädchenstimme

Bühne: Boxring und Böschung, letztere dann verwan-delt zu einer Lehmgrube

# 1.

*Boxring.*
*Rukeli in Boxkleidung (knallgelbe Shorts, eingestickt*
*rechts der Schriftzug in Rot: „Gipsy"), mit Boxhand-*
*schuhen. Betreibt Schattenboxen.*
*Reinhard Wolf tritt in Boxkleidung auf.*

**WOLF:** *(zum Publikum)* Unser Führer hat es schon sehr
früh gesagt: „Wenn das Boxen der Wehrertüchtigung
dienen soll, dann darf es nicht spielerisch und lustvoll
sein, sondern hart und voller Anstrengung; zuguns-
ten der Wehrfähigkeit des ganzen deutschen Volkes.

*Dr. Robert Ritter (Anzug, weißes Hemd, Krawatte) tritt*
*auf. Während Wolf spricht, nimmt Ritter seine Krawatte*
*ab, bindet sie um den Oberarm von Rukeli, verknotet sie,*
*nimmt ihm mit einer Spritze aus der Ellenbeuge Blut ab.*
*Rukeli nimmt das mit spöttischem Grinsen hin, hinter*
*dem sich leichte Angst verbirgt.*

**WOLF:** *(weiter)* Schon der junge, gesunde Knabe soll
Schläge ertragen lernen. Das mag in den Augen unserer heutigen Geisteskämpfer als wild erscheinen,
doch hat der völkische Staat eben nicht die Aufgabe,
eine Kolonie friedsamer Ästheten und körperlicher
Degeneraten aufzuzüchten. Es geht um die trotzige
Verkörperung männlicher Kraft. Die Nation braucht
keine Muttersöhnchen, sondern ganze Kerle."
*Ritter setzt einen Tupfer auf den Einstich, zieht die Nadel*
*heraus, Rukeli winkelt den Arm an, Ritter hebt die Spritze*
*hoch, schaut das Blut an. Er ist durchwegs freundlich*
*und höflich.*

**RUKELI:** Zigeunerblut. Auch nicht viel anders. Oder?

**RITTER:** *(lächelnd)* Sagen Sie das nicht, Rukeli.

**WOLF:** Adolf Hitler hat nun fertiggebracht, was die anderen niemals wollten oder konnten: er hat das Boxen weltanschaulich und gedanklich im deutschen Volk verankert. Die von ihm neu eingesetzte Reichssportführung begann mit eisernem Besen auszufegen. Denn um das Boxen zum deutschen Faustkampf zu machen, statt zur amerikanischen Show, muss alles Undeutsche raus.

**RITTER:** *(schaut bewundernd seinen Oberkörper an)* Sie sind wirklich in toller Verfassung, Rukeli.

**RUKELI:** Ich muss auch viel trainieren, Herr Doktor. Sie wissen ja, die Nächte sind lang, und die Frauen süß.

**RITTER:** Ich kanns mir vorstellen. Nur Rudolfo Valentino übertrifft Sie als Frauenschwarm.

**RUKELI:** Hans Albers! Nicht zu vergessen, bitte!

**RITTER:** Der blonde Hans ... Na ja ... Hausfrauenschwarm. – Ihr Südländer, wenn ich so sagen darf, seid doch begehrter als wir Deutschen. Was soll man machen ...?

**RUKELI:** Da kann man gar nichts machen. Tut mir auch schrecklich leid für euch.

*Ritter hebt währenddessen seine Tasche vom Boden auf, verstaut die Spritze in einer Blechschatulle, nimmt seine Krawatte von Rukelis Oberarm, steckt sie in die Jackentasche, nimmt Rukeli den Tupfer ab, gibt ihn ebenfalls in die Tasche, macht sie zu, klopft Rukeli auf die Schulter.*

**RITTER:** Leben Sie wohl, Rukeli. Wir sehen uns.

*Ritter steigt durch die Seile und geht weg. Rukeli schaut ihm nach. Dieser Mann ist ihm unheimlich. Rukeli betreibt wieder Schattenboxen.*

**WOLF:** Die Schlimmsten sind schon weg, die Juden. Die jüdischen Funktionäre, Veranstalter, Manager und Boxer. Die Juden haben unsere Begriffe von Heldentum und Idealismus in den Dreck gezogen, zur Farce gemacht. Zur billigen Unterhaltung, um Geld zu scheffeln. Sie sind weg. Aber es gibt zum Beispiel Boxer, die keine Juden sind, und trotzdem jüdisch kämpfen. Wie der Zigeuner, der Zirkusclown, das tänzelnde, eitle Zugpferd Johann Trollmann. Ich, Reinhard Wolf, deutscher Boxmeister, gelobe hiermit, ihn zu vernichten.

*Rukeli dreht sich nach ihm um.*

**RUKELI:** He, der Wolf! Bist du mein Sparringpartner heute?

**WOLF:** Du bestimmt nicht. *(Geht zu ihm.)* Was soll ich von dir lernen?

**RUKELI:** *(tänzelt herum, boxt in die Luft)* Du kannst viel von mir lernen, Wolf. Zum Beispiel, sich nicht die Birne dummklopfen zu lassen. Zum Beispiel, hin und wieder die Muskeln zu entspannen und lockerer zu sein. – Du bist so verkrampft, Wolf. Selbst deine Visage ist verkrampft. Hast du jemals gelacht? Weißt du überhaupt, wie das geht?

**WOLF:** Wer zuletzt lacht, lacht am besten, Trollmann. Merk dir das.

**RUKELI:** *(grinst)* Du wirst mir jedenfalls nicht das Lachen aus dem Mund schlagen, Wolf.

**WOLF:** In die Zirkusmanege gehörst du, auf den Rummelplatz. Aber nicht in einen Boxring. Du bist eine Schande für den Boxring.

**RUKELI:** Entspann dich, Wolf.

**WOLF:** *(steigt durch die Seile in den Ring; mit mühsam zurückgehaltener Wut)* Soll ich dir gleich die Fresse polieren?

**RUKELI:** Nicht ohne Publikum. Du weißt, ich liebe das Publikum. Und das Publikum mich.

**WOLF:** Aber wie lange noch? Die Zeiten ändern sich. Zigeuner.

**RUKELI:** Sie werden mich immer lieben. Deutscher Faustkämpfer.

*Rukeli boxt ihn scherzhaft an, Wolf schlägt gleich zornig zu, Rukeli weicht aus, umklammert dann Wolf.*

**RUKELI:** Hab noch ein wenig Geduld, dauert ja nicht mehr lang.

*Wolf reißt sich wütend los.*

**WOLF:** Hau ab, zieh Leine! Sonst schlag ich dir die Fresse ein!

**RUKELI:** Ich fürcht mich total! *(Springt über die Seile nach draußen, winkt Wolf zu.)* Bis dann, Wolf! Vergiss nicht die Lockerungsübungen! *(Geht weg, dreht sich um.)* Du, übrigens: Der Manager von Schmeling hat mir angeboten, nach Amerika zu gehen, will mir dort Kämpfe organisieren. Was sagst du dazu?

**WOLF:** Lass dich nicht aufhalten.

**RUKELI:** Ich bleib da. Ich fühl mich Deutschland einfach verbunden. Kannst du das verstehen?

**WOLF:** Nein, nicht wirklich.

**RUKELI:** Na ja, vielleicht geh ich doch einmal rüber. Die haben tolle, schwarze Kämpfer. Haben einen ähnlichen Stil wie ich. Sie tanzen gern. Aber zuerst werd ich noch dich zum Tanzen bringen. Freu ich mich drauf. *(Tänzelt weg.)*

**WOLF:** Freu dich nicht zu früh.

*Dunkel. Musik.*

# 2.

*Vater Wilhelm „Schnipplo" Trollmann (Hitlerbärtchen, Jägerhut und Trachtenjanker), Mutter Friederike „Pessi" (ganz „zigeunerisch": langer Rock, große Ohrringe, Zigarre rauchend), Sohn Wilhelm „Carlo" (in SA-Uniform) mit Dr. Robert Ritter (Anzug, Krawatte) und Wachtmeister Heinz Harms (Polizeiuniform). Ritter führt an den dreien seine „rassenbiologischen Untersuchungen" durch. (Schnipplo war schon dran.) Er nimmt auch die Fingerabdrücke. Heinz Harms assistiert sozusagen, verkörpert die polizeiliche Autorität.*

*Ritter (immer freundlich und verbindlich) vermisst eben mit einer Schieblehre das Gesicht von Pessi, trägt in eine Tabellenliste die Maße ein, Heinz hält ihm die Aktentasche, auf der ein Sperrholzbrettchen mit den Tabellenblättern liegt. Ritter untersucht dann auch die Augen, die Zähne, trägt alles in die Liste ein. Pessi lässt es sich scheinbar gleichmütig gefallen, pafft ihre Zigarre, einmal bläst sie sogar Ritter „unabsichtlich" den Rauch ins Gesicht, er hüstelt, sie wedelt entschuldigend den Rauch weg. Währenddessen folgende Unterhaltung:*

**SCHNIPPLO:** Wir ziehen ja schon lange nicht mehr herum, Herr Doktor Ritter. Wir sind sesshaft, die ganze Familie. Wir verlassen Hannover nur im Sommer; ein bisschen raus aufs Land, nicht wahr. – Also, herumstreunende Asoziale sind wir bestimmt keine! *(Zum Polizisten:)* Du weißt das, Heinz, oder?

**HEINZ:** Klar weiß ich das.

**SCHNIPPLO:** Der Herr Wachtmeister spielt nämlich gerne Karten mit meinen Jungs und mit meinem Schwager.

**Ritter:** Ah, mit Wanzo Weiss? Hab schon gehört von seinen Kartenabenden.

**Carlo:** Leider ist der Wachtmeister ein mörderischer Skatklopfer. Wir gewinnen nicht sehr oft.

**Heinz:** Köpfchen!

**Ritter:** *(lächelnd)* Um versuchte Beamtenbestechung kann es sich dabei nicht handeln, nein?

**Heinz:** Ich lass mich doch nicht bestechen! Ich doch nicht!

**Carlo:** *(zu Ritter)* Sie sollten meinen Onkel erleben, wenn er verliert. Der geht an die Decke.

**Ritter:** Das ist der Nachteil der Sesshaftigkeit. Man hat eine Decke über sich. Sie kennen ja bestimmt den Ausdruck: „Mir fällt die Decke auf den Kopf." Dieses Problem hattet ihr am Lagerfeuer nicht. Das ist nur das Problem von uns Stubenhockern. Jetzt seid ihr auch Stubenhocker. Ich bedaure das. – Frau Troll-mann, ich muss Ihnen jetzt Blut abnehmen, tut nicht weh. *(Holt Spritze hervor.)* Darf ich? *(Nimmt ihr den Seidenschal herunter, legt ihn ihr um den Oberarm.)* Herr Wachtmeister, bitte!

*Heinz bindet ihr mit dem Schal den Oberarm ab, Ritter sticht die Spritze in die Vene, saugt Blut auf, legt Tupfer auf die Einstichstelle, zieht die Spritze heraus, versorgt das Blut in einer Schatulle und in der Aktentasche, nachdem er es beschriftet hat. Dann nimmt er ihre Fingerabdrücke, indem er Daumen und Zeigefinger in ein Stempelkissen drückt, dann die Finger auf eine Tabelle.*

**Ritter:** *(währenddessen)* Als Kind, ich war vielleicht acht Jahre alt, hat mich mein Vater ohne wirklichen Grund geschlagen. Da bin ich von daheim fortgelau-fen, in den Wald, zu den Zigeunern. Saß mit ihnen am Lagerfeuer, bekam gebratenes Hühnchen, hörte ihre Musik und schlief unter dem Sternenhimmel.

Traumhaft. Am nächsten Tag kam mein Vater. Mit der Polizei. Die Zigeuner wurden verhaftet. Das hab ich meinem Vater nie verziehen. – Carlo, jetzt sind Sie dran. *(Beginnt Carlo zu vermessen.)*

**PESSI:** *(singt)*
Lustig ist das Zigeunerleben, faria, faria, ho.
Brauchen dem Kaiser kein Zins zu geben, faria, faria, ho.
Lustig ist es im grünen Wald,
wo des Zigeuners Aufenthalt ...
faria, faria, faria, faria, faria, faria, ho.

**RITTER:** Ja, Frau Trollmann, das ist die Sehnsucht von uns Gadsche.

**SCHNIPPLO:** Also, wir sind alle sehr gern sesshaft, Herr Doktor Ritter. Und meine sechs Jungs arbeiten fleißig. Meine drei Töchter sind mit anständigen Männern verheiratet. Wir sind gute Deutsche.

*Ritter ignoriert ihn.*

**SCHNIPPLO:** Ich hab im Weltkrieg für das Deutsche Reich gekämpft. Ich wurde ausgezeichnet. *(Holt einen Orden hervor, spuckt darauf, poliert ihn mit dem Ärmel, zeigt ihn vor.)*

**RITTER:** Ist ja gut, Herr Trollmann. Alles in meinem Büchlein aufgeschrieben, keine Sorge.

**SCHNIPPLO:** Carlo hier, mein Ältester, hat eine deutsche Frau geheiratet; sie haben sechs Kinder, die wachsen wie die Eichen. Mauso hat ebenfalls eine Gadschi genommen – vier Kinder! Das heißt, wir gehen sowieso in euch auf. Unweigerlich.

**HEINZ:** *(eher nachsichtig)* Kannst du jetzt mal die Klappe halten, Schnipplo?

**RITTER:** Jetzt noch die Blutabnahme.

*Carlo zieht die Uniformjacke aus, gibt sie der Mutter, sie lässt sie wie unabsichtlich fallen, Schnipplo hebt sie sofort auf, putzt sie ab. Carlo krempelt die Ärmel hoch,*

*Heinz nimmt den Schal von Pessi, bindet Carlo den Ober-arm ab, Ritter entnimmt das Blut.*

**SCHNIPPLO:** *(hebt währenddessen den Uniformrock hoch, zu Heinz)* Da! Siehst du das nicht? Carlo ist ein SA-Mann der ersten Stunde!

**CARLO:** *(beschwichtigend)* Tata!

**SCHNIPPLO:** Reicht das nicht? Was wollt ihr mehr? Was wollt ihr noch?

**HEINZ:** Jetzt beruhig dich, ja?

**SCHNIPPLO:** Weißt du, wo du herkommst? Du weißt es nicht. Ich aber weiß, wo ich herkomme. Aus Indien. Ich bin Indogermane, also Arier!

**PESSI:** Tata, du redest dich in einen Wirbel.

**SCHNIPPLO:** Herr Doktor Ritter! Sie wissen es doch am besten! Sind wir Arier oder nicht?

**RITTER:** Darüber wurde noch nicht wirklich entschie-den, Herr Trollmann. Aber wenn es nach mir geht – reinrassige Zigeuner sind für mich Arier.

**SCHNIPPLO:** Na, also, das wollt ich wissen – danke!

**HEINZ:** *(zornig zu Schnipplo)* Sprich du mir nicht den Arier ab, ja?!

**SCHNIPPLO:** Entschuldige, Heinz. Mein Zigeunertem-perament.

**RITTER:** Jetzt nur noch die Fotos. Bitte, Frau Troll-mann.

*Ritter reicht Heinz ein weißes Tuch, dieser hält es hin-ter Pessi.*

*Carlo nimmt Schnipplo die Uniformjacke weg, zieht sie an.*

**PESSI:** Wenn ich was dazu sagen darf, Herr Doktor Ritter – ich glaub das nicht, mit Indien.

**SCHNIPPLO:** *(resigniert)* Die Frau weiß immer alles besser!

*Ritter dirigiert Pessi, fotografiert sie von vorne und beide Profile.*

**Ritter:** Ich weiß, das ist lästig, aber leider notwendig.

**Pessi:** Warum nennt man uns Gipsys? Weil wir nämlich aus Ägypten stammen!

**Ritter:** Immerhin, ich komme zu euch, ich hol euch nicht ins Amt, ihr wisst das hoffentlich zu schätzen. –

**Pessi:** Und sie haben uns vertrieben, weil wir das Jesuskind auf der Flucht versteckten.

**Schnipplo:** *(seufzt auf)* Ach, Pessi ...!

*Ritter dirigiert Schnipplo, fotografiert ihn.*

**Ritter:** Den Hut bitte abnehmen, Herr Trollmann.

*Schnipplo tut es. Setzt eine wichtige Miene für die Fotos auf. Ritter fotografiert dann Carlo.*

**Pessi:** *(währenddessen)* Und die größte Gemeinheit überhaupt ist, dass sie uns bezichtigen, wir hätten den Fußnagel Jesu gestohlen! – Herr Doktor Ritter, ich verlange, dass diese Beschuldigung zurückgenommen wird! Es ist eine Lüge! Wenn Sie schon alles aufschreiben, dann schreiben Sie das auch auf!

*Ritter lächelt sie an.*

**Schnipplo:** Kannst du es jetzt gut sein lassen, Pessi?! Das interessiert niemanden!

**Pessi:** Wir lieben Jesus! Er war auch nicht sesshaft!

*Stabeli kommt, Geigenkasten umgehängt, ein zarter Mensch in ärmlicher Kleidung.*

**Pessi:** Stabeli, mein Kind!

*Stabeli sieht Ritter und Heinz, hält leicht erschreckt inne.*

**Ritter:** Kommen Sie nur, Stabeli, wir sind gleich fertig.

*Stabeli küsst seiner Mutter die Hand, sie umarmt ihn. Dann hebt er grüßend die Hand gegen Schnipplo und Carlo.*

**Heinz:** Stabeli, auf meinem Schreibtisch liegt eine Liste mit Mitgliedern der lokalen kommunistischen Partei ... Dürfte schon ziemlich veraltet sein, von '31 ist sie. Dein Name steht drauf.

*Stabeli erschrickt.*

**HEINZ:** Aber du hast ja mit denen nichts mehr zu tun, oder?

**STABELI:** Nein, ich geh da schon lange nicht mehr hin.

**HEINZ:** Ich hab dich rausgestrichen. Bevor die Liste zur Gestapo ging.

**STABELI:** *(mit trockenem Mund)* Danke, Heinz.

**HEINZ:** Gern geschehen. Jugendsünde, nicht wahr? Begehen wir alle.

**RITTER:** Herr Trollmann, ich brauch dann noch die Adressen von Lolo und Lämmchen. Die beiden fehlen mir noch.

*Schnipplo antwortet nicht.*

**RITTER:** An der im Meldeamt vorliegenden Adresse sind sie nicht. Samt ihren Familien vom Erdboden verschluckt.

**HEINZ:** *(„gemütlich")* Mach dein Maul auf, Schnipplo.

**PESSI:** Lämmchen und Lolo ist die Decke auf den Kopf gefallen. Das alte Zigeunerblut, das Sie so schätzen, Herr Dr. Ritter. Sie sind losgezogen, mit Kind und Kegel, immer der Nase nach.

**HEINZ:** Es gibt einen Festsetzungserlass, den habt ihr alle bekommen, Pessi.

**PESSI:** Ach, Heinz, du weißt doch, ich kann nicht lesen, ich kann nicht schreiben. Und eure Wörter versteh ich nicht, auch wenn ihr sie mir vorsagt. Festsetzungserlass! Was soll denn das sein?

**HEINZ:** Herumstreunen verboten, das heißt es, Pessi. – Die finden wir schon, Herr Doktor, keine Sorge. Alle Bauern sind angewiesen, die Augen offen zu halten.

*Ritter packt zusammen.*

**SCHNIPPLO:** *(holt ein Schaukelpferd)* Dein Schaukelpferd ist fertig, Heinz.

**HEINZ:** *(nimmt es)* Da wird sich mein Enkel freuen. *(Schaut es bewundernd an.)* Schnipplo – du schnippelst meisterhaft, alle Achtung. *(Drückt ihm einen Geldschein in die Hand.)* Hat's einen Namen?

**SCHNIPPLO:** Lottchen.

**HEINZ:** Na klar, schaut ja aus wie dein Lottchen.

*Rukeli (sehr elegant gekleidet mit weißem Leinenanzug, mit Hut, zweifarbigen Schuhen) kommt mit seiner blonden Freundin Olga (ebenfalls gut gekleidet). Sie ist unsicher, weiß nicht, was da abläuft.*

**RUKELI:** *(hebt leicht die angewinkelte Hand an)* Heil, die Rassenhygiene!

**HEINZ:** Oh, der Champion! Mann, Rukeli, ich hab deinen letzten Kampf gesehen! Dem hast du ja ordentlich die Fresse poliert!

**RUKELI:** Treffen und nicht getroffen werden.

**HEINZ:** Gute Devise.

**RUKELI:** Sind Sie bei unserer Familie schon zu einem Ergebnis gelangt, Herr Doktor Ritter? Reinrassig oder Mischlinge?

**RITTER:** Die Kinder von Carlo *(deutet auf ihn)* sind Mischlinge, nicht wahr? Und die von Mauso ebenfalls. Und Sie bevorzugen ja ebenfalls deutsche Frauen, Rukeli, wie jedermann weiß. *(Schaut Olga freundlich an.)* Ansonsten – ich hab euren Stammbaum noch nicht wirklich durch.

**RUKELI:** *(„nachsichtig")* Herr Doktor Ritter! Wer weiß schon, wer mit wem, die letzten dreihundert Jahre? Was? Wir sind doch alle Mischlinge, oder?

**RITTER:** Wie recht Sie haben.

**HEINZ:** Braucht doch dich nicht zu kümmern, Rukeli. Du bist ein Boxheld. Das Deutsche Reich braucht Helden. – *(Zu Ritter:)* Schicken die den Rukeli nicht zu den Olympischen Spielen nach Amsterdam!

Obwohl er alle deutschen Boxer in seiner Klasse geschlagen hat!

**RITTER:** Rukeli wird noch viele schöne Kämpfe bestreiten.

**HEINZ:** Schiebung ist das! *(Zu Rukeli:)* Nur, weil du Zigeuner bist, haben sie das mit dir gemacht.

**RUKELI:** Mit anderen gehen sie auch nicht feiner um, Heinz. Erich Seelig, der Meister im Halbschwergewicht. In zwei Wochen hätte ich gegen ihn boxen sollen. Aber der ist nicht mehr im Land, musste plötzlich verreisen.

**HEINZ:** Warum das?

**RUKELI:** Er ist Jude. Wusstest du das nicht?

**HEINZ:** Keinen blassen Schimmer.

**RUKELI:** Immer auf die Nase schauen.

**HEINZ:** Der hat keine besondere Nase.

**RUKELI:** In die Nase hineindenken, Heinz! Auf die innere Nase kommt es an.

**HEINZ:** Ja – und was jetzt?

**RUKELI:** Reinhard Wolf. Der zweite in der Rangliste.

**HEINZ:** Auch ein schwerer Brocken. Der hat nen verteufelten Schlag, nimm dich in Acht.

**RUKELI:** Ich kenn den, viel zu unbeweglich. Kein Problem für mich. Aber der Seelig, der ist wirklich gut. Dem bin ich jahrelang aus dem Weg gegangen, weil ich wusste, den schaff ich nicht. Aber jetzt wär ich soweit gewesen. – Herr Doktor Ritter! Was sagen Sie dazu?

Nehmen die mir meinen besten Gegner weg. Nur weil er jetzt angeblich ein Untermensch ist. Vorher umjubelt von allen aufrechten Deutschen. Mehr noch wie Schmeling.

**RITTER:** Ich kenn mich nur mit euch Zigeunern aus, Rukeli. Das aber dafür gründlich. *(Hat alles einge-*

*packt, klappt seine Tasche zu.)* So, das wärs für heute. Ich bedanke mich für die gute Zusammenarbeit. Kommen Sie, Wachtmeister.

*Ritter geht weg, Heinz boxt im Vorbeigehen Rukeli scherzhaft an, Rukeli hebt auch die Fäuste, tut so, als würde er zuschlagen, Heinz zuckt zurück, geht lachend weg.*

**HEINZ:** *(dreht sich um)* Ich muss da unbedingt dabei sein, Rukeli!

**RUKELI:** 9. Juni, Bockbierbrauerei, Berlin.

**HEINZ:** Du wirst mich schreien hören! – Schiebung! Schiebung! *(Lacht.)*

*Wenn nun Romanes gesprochen wird, braucht es Übertitel.*

**RITTER:** *(dreht sich um, in Romanes)* Bleibt, was ihr seid. Ich beschwöre euch. Lasst mich das Lagerfeuer in mir bewahren.

*Die beiden entfernen sich. Pessi spuckt aus.*

**PESSI:** *(Romanes)* Bildet sich ein, er kann unsere Sprache!

*Rukeli geht zu Pessi, küsst ihr die Hand, umarmt sie, steckt ihr ein Bündel Geld zu, sie bemerkt es, die anderen nicht.*

**PESSI:** *(Romanes)* Sie forschen uns aus, Rukeli. Noch nie hat uns jemand so ausgeforscht wie die. Wozu? Sag mir, wozu?

**RUKELI:** *(abwimmelnd; Romanes)* Das ist so ein Zwang bei denen. Die wollen immer alles erforschen.

**STABELI:** *(Romanes)* Sie tun es, weil sie uns umbringen wollen, Dadschu! Sie wollen uns einfach alle umbringen!

**PESSI:** *(Romanes)* Dazu brauchen sie uns ja nicht ausforschen.

**STABELI:** *(Romanes)* Doch! Du verstehst nicht, wie die denken. Sie wollen immer eine Begründung haben, eine Rechtfertigung. Und dazu brauchen sie Akten, Tonnen von Akten, die dieser Doktor Ritter und seine Leute vollschreiben. Und wenn sie alles aufgeschrieben haben, bringen sie uns um. *(Schaut Carlo an, geht zu ihm, reißt ihm die Uniformjacke vom Leib.)* **Warum ziehst du diese Nazi-Uniform an?** *(Wirft die Jacke zu Boden.)* **Meinst du das ehrlich? Dann bist du ein Dummkopf! Oder willst du dich bei ihnen einschleimen?**

**CARLO:** *(Deutsch)* **Ich bin Deutscher.** *(Hebt die Jacke auf, klopft sie ab, zieht sie wieder an.)*

**STABELI:** *(Romanes)* **Du bist kein Deutscher!**

**CARLO:** *(Deutsch)* **Ich bin deutscher Staatsbürger!**

**STABELI:** *(Romanes)* **Hast du keinen Funken Stolz mehr im Leib?**

**SCHNIPPLO:** *(Deutsch)* **Stabeli! Wir leben seit Jahrhunderten in diesem Land. Wir müssen doch –**

**STABELI:** *(Romanes)* **Du genauso!** *(Schlägt ihm den Jägerhut vom Kopf.)* **Mit deinem blöden Hut!**

**PESSI:** *(gibt Stabeli eine Ohrfeige; Romanes)* **Was erlaubst du dir? Du hast vor deinem Vater Respekt zu haben! Und wenn er noch so einen blöden Hut auf hat! Verstehst du mich?**

*Stabeli hebt den Hut auf, klopft ihn ab, geht zu Schnipplo, küsst ihm die Hand, setzt ihm etwas unsanft den Hut wieder auf.*

*Pessi geht zu Olga, die ziemlich überfordert ist. Alle reden wieder Deutsch.*

**PESSI:** **Verzeih, schönes Mädchen. Die Zeit bringt uns zum Streiten. –** *(Schaut sie bewundernd an.)* **So schönes Haar hast du. Alles an dir ist blond. Wie schön.** *(Zu Rukeli:)* **Du willst uns das Fräulein vorstellen?**

**RUKELI:** *(geht zu Olga)* **Tata, Dadschu, das ist Olga Bilda, meine Verlobte. Sie kommt aus Berlin.**

*Schnipplo schaut unglücklich.*

**STABELI:** Ja, klar! Ein reiches Gadsche-Püppchen aus Berlin. Eine Sintezza wäre nicht gut genug für den Champion.

**RUKELI:** Sie ist nicht reich, sie arbeitet als Haushälterin. Und wenn du noch ein freches Wort über sie sagst, dann knall ich dir eine.

**STABELI:** Warum eine Gadschi? Warum?

**CARLO:** Hast du nicht gesehen, wie sie ihn belagern, den Gipsy-Boxer? Er könnte jede haben, auch jede Menge reiche Schicksen! – Er wird sie schon lieben, so wie ich meine Erna. Misch dich da gefälligst nicht ein, Stabeli.

*Olga geht weg.*

**RUKELI:** Olga! He, Süße!

*Olga bleibt stehen, Pessi geht zu ihr.*

**PESSI:** Sei uns herzlich willkommen, Olga. – Du magst meinen Liebling?

**OLGA:** Ja, ich mag ihn sehr.

**PESSI:** Und du wirst zu ihm stehen? Vor aller Welt?

**OLGA:** Ja, das will ich. Vor aller Welt.

**PESSI:** Und du meinst es auch ehrlich, Rukeli?

**RUKELI:** Ja – und wie!

**PESSI:** *(zu Olga)* Weißt du, es gibt Jungs bei uns, die machen sich einen Sport daraus, Gadsche-Frauen zu sammeln. Am liebsten blonde. Rukeli ist auch so einer.

**RUKELI:** *(abwimmelnd)* Na, ja ... Also, so viele ...

**OLGA:** Ich weiß. Ich war bei jedem seiner Kämpfe in Berlin. Er ist selten ohne Frau nach Hause gegangen. Jedes Mal eine andere.

**RUKELI:** Dann hab ich sie gesehen, vom Ring aus. Und konnte meine Augen nicht mehr von ihr lassen. Bis sie zugeschwollen waren, von den Schlägen meines Gegners.

**Olga:** Ich weiß. Das hat dich den Sieg gekostet. Tut mir leid.

**Rukeli:** Mir aber nicht! *(Küsst sie auf den Mund.)*

**Pessi:** Er hat jedenfalls noch keine zu uns gebracht. Noch dazu so eine schöne Blondine. *(Fährt durch ihr Haar.)* Weißt du, Olga, wir Zigeuner lieben das Blonde. Es hat sowas Engelhaftes.

**Olga:** Frau Trollmann –

**Pessi:** Sag Pessi zu mir, Kind.

**Olga:** Danke, Pessi ... Also, nur, um da nichts vorzu-täuschen: Ich bin gar nicht blond.

**Pessi:** Nein???

**Olga:** Nachdem ich seine Vorliebe bemerkt hatte, hab ich mir einfach die Haare gefärbt. Ziemlich dunkel brünett bin ich, in Wahrheit.

**Pessi:** Macht doch nichts! Was, Rukeli?

**Rukeli:** Eh nicht, Dadschu! Ein Engel ist sie trotzdem.

**Schnipplo:** Das wäre dann die dritte Gadschi in unse-rer Familie!

**Carlo:** Weißt du, was der Heinz mir erzählt hat, Tata? Sie bringen alle reinrassigen Juden ins Lager. Nur die Mischlinge bleiben hier. Also ist es gut, wenn wir uns vermischen. Dann sind unsere Kinder nicht in Gefahr.

*Schnipplo schaut weiter griesgrämig, Stabeli glaubt das nicht.*

**Pessi:** Wir sind alle Menschen! Was haben die? Sie müssen im Kopf verrückt sein, die Deutschen!

**Rukeli:** Tata, ich kann nicht sein ohne Olga! Sie riecht so gut! Wie das Gras, das Moos, die Baumrinde.

**Stabeli:** Was redest du da, Rukeli! So riechen nur **unsere** Frauen!

**Rukeli:** Ja, ein Duft von Berlin ist auch dabei. Ich mag das.

**Schnipplo:** *(zu Olga)* Was sagen deine Eltern dazu?

**OLGA:** Meine Eltern sind dagegen. Sie wollten Rukeli nicht einmal sehen. Mutter hat geheult und Vater hat gebrüllt.

**SCHNIPPLO:** Man muss den Eltern gehorchen.

**OLGA:** Muss man nicht, nein. Meine Mutter ist Hitler schauen gegangen. Als er, in seinem Wagen stehend (*streckt den rechten Arm aus*), an ihr vorbeifuhr, hat sie vor Glück einen Weinkrampf bekommen und war auf der Stelle von ihrem Gebärmutterkrebs geheilt.

**SCHNIPPLO:** Ist doch gut!

**PESSI:** Wunderheiler ist der Mann auch noch?

**OLGA:** Und Vater hat sich ein Hitler-Bärtchen wachsen lassen, so wie Sie eines haben, Herr Trollmann.

**SCHNIPPLO:** (*fährt sich ans Bärtchen*) Bitte, ich hab das schon seit zwanzig Jahren. Und der Charlie Chaplin hat's auch.

**OLGA:** Ja, als Landstreicher. Also, tut mir leid, ich finds halt ein bisschen ... unvorteilhaft.

**PESSI:** Sei froh, Olga, dass du ihn nicht als Kaiser Willi gesehen hast, im Weltkrieg, mit gewichsten Schnurrbartenden!

**SCHNIPPLO:** Was reitet ihr denn auf meiner Barttracht herum?

**RUKELI:** (*klatscht in die Hände*) Leute, jetzt gehen wir feiern! Ich kenn eine Kellerkneipe, da tritt heute ein berühmter Zigeuner-Geiger auf! (*Deutet auf ihn.*) Stabeli Heinrich Trollmann!

Zusammen mit einem Wahnsinns-Gitarristen! Einer von den Reinhardts.

**PESSI:** Geht nur Kinder, Tata und mir reichts für heute, nicht wahr?

**SCHNIPPLO:** Du sagst es, Dadschu.

**RUKELI:** Carlo!

**CARLO:** Razzia tu ich mir heute keine mehr an.

**RUKELI:** Ach was, Razzia! Der neueste Gipsy-Jazz aus Paris! Das gefällt auch den Gadsche.

Na, komm schon!

*Carlo überwindet sich, geht mit Stabeli, Rukeli und Olga weg.*

**STABELI:** *(zu Carlo)* Mit deiner Uniform kommst du da aber nicht rein.

*Carlo kommt zurück, zieht im Gehen seine Uniform-jacke aus, gibt sie Schnipplo, zieht ihm das Sakko aus, zieht es an, drückt ihm die Uniformmütze in die Hand, läuft den anderen nach.*

**OLGA:** *(dreht sich um)* Auf Wiedersehen! Bis bald! Nichts für ungut, Herr Trollmann! *(Legt sich Zeige- und Mittelfinger unter die Nase, lacht.)*

**PESSI:** Auf Wiedersehen, schönes Mädchen. – Die ist schon recht, Schnipplo. Aus ihrem Mund kommen Blumen.

**SCHNIPPLO:** *(resigniert, fährt sich ans Bärtchen)* Wenn du's sagst.

**PESSI:** Du, Schnipplo, hättest du was dagegen, wenn ich mir die Haare blond färbe?

*Er schaut verdutzt.*

*Dunkel. Musik.*

## 3.
## DER 1. KAMPF

*Dr. Ritter tritt auf, wendet sich an das Publikum.*
*Olga, Pessi, Schnipplo, Carlo, Stabeli und Heinz Harms*
*kommen durch den Zuschauerraum, setzen sich in die*
*erste Reihe.*

**RITTER:** *(liest von Manuskript)* Meine Herren, in meiner Funktion als Direktor der „Rassenhygienischen und Erbbiologischen Forschungsstelle" wurde ich beauftragt, Sie über meine Forschungsergebnisse und die daraus entstehenden Notwendigkeiten zu unterrichten. Ich musste nicht bei Null beginnen, das sei vorausgeschickt.

**SPRECHERSTIMME:** Meine Damen und Herren, willkommen zur deutschen Meisterschaft im Halbschwergewicht. Heute erwartet uns der spannendste Kampf seit Jahren!

Wir begrüßen aus Hamburg den aufrechten, den mutigen, den Stärksten der Starken, den Inbegriff des deutschen Faustkampfes: Reinhard Wolf!

*Wolf (Bademantel über dem Boxzeug) marschiert – verfolgt von einem Scheinwerfer – durch den Zuschauerraum ein. Klatschen und Jubel seiner Anhänger: „Wolf! Wolf! Wolf!" Wolf hebt die Arme hoch, aber bleibt immer ernst. Er steigt durch die Seile in den Ring, zieht den Bademantel aus, wendet sich dem Publikum zu.*

**RITTER:** Schon 1906 erließ Preußen eine Anweisung zur Bekämpfung des Zigeunerunwesens, der sich nach und nach alle Bundesländer anschlossen. Es ging dabei in erster Linie um die Ausweisung ausländischer Zigeuner und um die Sesshaftmachung der einheimischen. Verbunden damit war die amtliche Registrierung aller Zigeuner.

**SPRECHERSTIMME:** Dreimal bereits ist der Wolf, wie ihn seine Anhänger nennen, gegen seinen heutigen Kontrahenten angetreten. Ein K.-o.-Sieg, ein Remis, eine Niederlage. Was erwartet uns heute, fragen wir uns gespannt.

**RITTER:** 1907 bereits erschien bei der Zigeunerzentrale in München das sogenannte „Zigeunerbuch", das 3350 exakte Personenbeschreibungen enthielt, samt Namen, Stammeszugehörigkeit, Geburtsort, Staatsangehörigkeit, Beruf, Leumund und körperlichen Merkmalen.

**SPRECHERSTIMME:** Und hier kommt der Herausforderer: Aus Hannover der Tänzer, der Flitzer, der schlaue Gipsy: Johann Rukeli Trollmann!

*Viel mehr Jubel als bei Wolf. Rukeli kommt (etwas protziger Bademantel) strahlend durch den Zuschauerraum herein, der Scheinwerfer verfolgt ihn. Rukeli wirft den Frauen Kusshände zu, küsst dann in der ersten Reihe seine Mutter Pessi, überreicht Olga eine Rose. „Troll! Troll! Troll!"-Rufe der Zuschauer. Rukeli sieht Heinz, boxt ihn lachend an, läuft dann zum Ring hinauf, springt wie immer über das oberste Seil hinein, zieht seinen Mantel aus, wirft ihn schwungvoll weg.*

**RITTER:** Anschließend an diese Vorarbeiten haben meine Mitarbeiter und ich in den letzten Jahren von den vermutlich 15.000 im Reichsgebiet sich aufhaltenden Zigeunern bereits 12.000 erfasst und über jeden einzelnen ein rassenhygienisches Gutachten erstellt. Das überraschende Ergebnis dabei ist, dass es sich bei über 80% der Zigeuner nicht um rassereine, sondern um Mischlinge handelt, um Bastarde.

**STIMMEN:** Zigeuner raus! Zigeuner raus! Zigeuner raus!

**STIMMEN:** Maul halten! Troll! Troll! Troll!

**RITTER:** Anders als bei den Juden, deren Blut sich bei der Vermischung mit deutschem mit der Zeit verflüchtigt, ist der Zigeunermischling für die Gesellschaft eine viel größere Gefahr als der reinrassige Zigeuner, der sich abschließt und nichts mit uns zu tun haben will.

**SPRECHERSTIMME:** Und nun warten wir gespannt auf die erste Runde.

*Der Ringrichter holt die beiden Boxer in die Mitte, ermahnt sie zum fairen Kampf, weist sie auseinander. Gong. Zeichen Ringrichter. Der Kampf beginnt. Wolf breitbeinig, Rukeli leichtfüßig. Er kämpft wie dann erst wieder Muhammad Ali. Wolf versucht, Rukeli mit schweren Schwingern zu erwischen, aber dieser pendelt, duckt sich, weicht aus, tänzelt um Wolf herum, trifft ihn dann immer wieder mit der Linken aus der Distanz.*

**RITTER:** Zigeunerbastarde sind auf Grund ihrer biologischen Disposition durchwegs asozial und arbeitsscheu, sie lügen, betrügen und stehlen und haben keinen Respekt vor der Obrigkeit.

*Währenddessen Zwischenrufe: „Zigeuner raus! / Stell dich, Zigeuner! / Troll! Troll! Troll!"*

**SPRECHERSTIMME:** *(andere Tonlage, folgendes stammt aus der Boxzeitung)* Der Zigeuner macht es wie immer, wir kennen inzwischen seine Mätzchen. Er kämpft nicht, er spielt. Er steht nicht seinen Mann, er tanzt. In einer formvollendeten Zirkusattraktion werden die stilgerechten Boxer verrückt gemacht. Er schneidet Grimassen, unterhält sich mit sich selbst und den Zuschauern, führt Schläge vor, die in keinem Lehrbuch stehen, knallt mit allen Teilen des

Armes, und blufft mit einer Selbstverständlichkeit, die unerhört ist.

*Rukeli flirtet mit dem Rücken zu Wolf gerade mit Olga, Wolf greift an, aber Rukeli sieht ihn aus den Augenwinkeln, weicht aus, Wolf schlägt ins Leere, er fällt in die Seile. Wolf wird nun wütend, treibt Rukeli in eine Ecke, versetzt ihm zwei schwere Schwinger, Rukeli taumelt, lässt sich in die Seile zurückfallen, schnellt sich vor und taucht unten weg, Wolf schlägt ins Leere. Und Rukeli tanzt.*

**RITTER:** Es ist daher unsere Ansicht, und auch die des Reichsführers der SS, Heinrich Himmler, dass wir die Zigeunerfrage nur lösen können, wenn die nichtsnutzen Zigeuner-Mischlinge in Arbeitslager verbracht werden. Außerdem muss man unbedingt die weitere Fortpflanzung dieser Mischlingspopulation unterbinden.

**SPRECHERSTIMME:** Im Kampf gegen Wolf saust Rukeli nun schon sechs Runden lang mit der Geschwindigkeit eines Eddie Tolan und der Ausdauer eines Paavo Nurmi durch den Ring. Doch jetzt, vor Beginn der siebten Runde, schreitet der Vorsitzende Georg Radamm ein. Er lässt den beiden Boxern durch den Ringrichter ausrichten, nun endlich härter zu kämpfen, sonst werde es unangenehme Konsequenzen geben.

*Lichtwechsel.*

*Rukeli ist jetzt kein anderer, aber er geht offensiv gegen Wolf vor, landet Treffer, bekommt auch selber welche ab, ist aber dennoch einfach zu schnell für Wolf. Dieser geht nach einem Treffer zu Boden, wird angezählt, Rukeli geht währenddessen strahlend um den Ring, wirft den Zuschauerinnen Kusshände zu. Wolf steht auf, schüttelt sich, geht auf Rukeli los, dieser dreht sich scheinbar im letzten Moment um, weicht dem Schlag aus, umklammert*

*Wolf, aber es ist kein Klammern, um Zeit zu schinden, sondern zuerst eher eine „kameradschaftliche" Umarmung, dann aber ein immer stärkeres Drücken, sodass Wolf die Luft wegbleibt. Der Ringrichter nähert sich, um einzuschreiten, Rukeli lässt los, tänzelt zurück, greift wieder an. Wolf müht sich redlich ab, aber er hat keine Chance, er findet einfach keine Antwort auf Rukeli.*

**RITTER:** Der Reichsführer der SS ist allerdings der Meinung, dass wir zuerst die Judenfrage lösen und uns erst dann konsequent den Zigeunern zuwenden.

**WOLF:** Lauf nicht immer davon! Kämpfe endlich! Stell dich!

*Rukeli nimmt ihn beim Wort, schlägt blitzschnell zu, und schon liegt Wolf am Boden.*

**RUKELI:** Entschuldige, das wollt ich nicht. (*Zu den Zuschauern:*) Der Wolf ist nicht gut beisammen heute. Er lahmt etwas. Ich werde ihn schonen.

*Wolf wird vom Ringrichter angezählt, steht dann auf, der Ringrichter deutet, sie sollen weiter kämpfen, Rukeli deutet auf einen Schuh von Wolf, dieser schaut nach unten, hat schon wieder einen Treffer. Zwischendurch wirft Rukeli seiner Olga Kusshände zu, tänzelt durch den Ring, deutet Wolf, er solle doch endlich angreifen. Natürlich ist Wolf ein hervorragender Boxer, aber er kommt mit dem Kampfstil von Rukeli einfach nicht zurecht. Von den Zuschauern „Wolf!"- und „Troll!"-Rufe. Die Anhänger von Rukeli sind weit in der Überzahl. Gong. Die Boxer gehen in ihre Ecken.*

**RITTER:** (*währenddessen*) Für die wenigen reinrassigen Zigeuner, die wir als Arier anerkennen müssen, schlägt übrigens der Reichsführer der SS ein großzügig bemessenes Gebiet in irgendeinem entlegenen Winkel des Reiches vor, wo sie unbehelligt ihren Sitten und Gebräuchen nachgehen können. Immerhin, wenn wir von Ferne ihre Musik hören, beschleicht uns ein heimeliges Gefühl, das wir nicht missen wollen.

*Rukeli und Wolf sitzen in ihren Ecken. Der Ringrichter hat sich an der Rückseite über die Seile gebeugt, hat einen Befehl erhalten, geht in die Mitte des Ringes zurück, winkt Rukeli und Wolf, diese stehen auf, stellen sich neben ihn. Rukeli gut gelaunt, will schon grinsend den Arm als Sieger hochreißen, „bezwingt" sich, drückt mit der anderen Hand den Arm nach unten. Wolf ist fertig, rechnet mit einem Punktesieg von Rukeli.*

**SPRECHERSTIMME:** Meine Damen und Herren, wegen ungenügender Leistungen beider Kämpfer wird der Kampf nicht gewertet.

*Es ist vollkommen still, das Publikum kann es nicht glauben. Rukeli schaut den Ringrichter fassungslos an. Wolf ist irritiert und gekränkt, denn er hat doch so tapfer gekämpft.*

**SPRECHERSTIMME:** Der Titel des Deutschen Meisters im Halbschwergewicht ist somit frei und wird vom Sportausschuss erneut ausgeschrieben.

*Ein unglaublicher Proteststurm des Publikums bricht los. „Schiebung"-Schreie von überall her. Die Familienmitglieder sowie Olga und Heinz springen auf, protestieren ebenfalls, Heinz tut sich besonders hervor.*

**HEINZ:** Schiebung! Dort steht der Sieger! Dort! Johann Rukeli Trollmann! *(Dreht sich zum Publikum, dirigiert:)* Schiebung! Schiebung! Schiebung!

*Rukeli geht beiseite, kämpft gegen Tränen an, verlässt den Ring. Wolf steigt ebenfalls aus dem Ring.*

**SPRECHERSTIMME:** *(anderer Tonfall, Bericht der Boxzeitung)* Trollmanns Freunde, die das Flitzen und Punkten ihres Mannes als eines Meisters für würdig erachteten, zeigten mächtiges Stehvermögen und malträtierten ihre Stimmbänder ungeheuerlich. Und der Zigeuner, der allzeit grinsende Tänzer, begann wie ein Schlosshund zu heulen, man glaubte es kaum. Heulend zog der Ringclown ab in seine Kabine. Währenddessen sauste Zirzow, sein Manager, wie eine kleine Rakete um den Ring herum, sprach mit zuckenden Lippen, war bald hier, bald da zu sehen, malträtierte Tische mit der Faust und erschien dann plötzlich mit dem noch immer heulenden Trollmann, den er aus der Kabine zurückzog. Leider hat der Zigeuner besonders viele Anhänger unter denen, die sich mit der neuen, völkischen Richtung des Verbandes nicht abfinden wollen. Einige dieser Anhänger stürmten nun sogar den Ring, bedrohten den Ringrichter und sogar den ersten Vorsitzenden des Verbandes Deutscher Faustkämpfer, den Parteigenossen Georg Radamm!

*Anschwellen des Proteststurmes. Der Ringrichter beugt sich wieder nach hinten und erhält offenbar erneut eine Weisung. Er winkt Rukeli und Wolf, diese kommen wieder in den Ring, der Ringrichter stellt sich zwischen sie.*

**SPRECHERSTIMME:** (*wieder als Kommentator in der Halle*) Ruhe! Ich bitte um Ruhe! – Meine Damen und Herrn, meine Damen und Herrn, die Entscheidung wurde soeben revidiert, denn es gab offenbar einen Irrtum bei der Auszählung der Punkte. Sieger nach Punkten und somit deutscher Meister im Halbschwergewicht ist Johann Trollmann!

*Der Ringrichter hebt den Arm von Rukeli hoch, ein Siegerkranz wird hereingeworfen, der Ringrichter fängt ihn auf, hängt ihn Rukeli um, der überrascht und glücklich ist, die Arme hochreißt. Wolf tritt enttäuscht zurück. Jubelsturm unter den Zuschauern, auch die Familie, Olga und Heinz klatschen begeistert.*

*Dunkel. Musik.*

**4.**

*Böschung an Bächlein.*

*Sommer. Sonne. Vögel singen. An einer Böschung (die
später zur Lehmgrube wird) liegt barfuß (die Schuhe
daneben) Olga, zieht den verrutschten Rock nach unten,
macht ihre Bluse zu. Sie ist sehr froh und glücklich. Ein
Picknickkorb, ein ausgebreitetes Tuch mit Wurst und
Brot, die weiße Leinenjacke von Rukeli und seine zweifarbigen Schuhe. Rukeli kommt mit einem Feldblumen-
strauß, trägt weißes Hemd und weiße Leinenhose, ist barfuß, überreicht ihr den Blumenstrauß. Olga küsst ihn. Er
zieht an einer Schnur eine Sektflasche aus dem Bächlein.*

**OLGA:** Rukeli!

*Rukeli schaut sie an.*

**OLGA:** Rukeli ... Ich sag das so gern. Klingt so süß. –
Rukeli ... *(Küsst ihn.)* Wer hat dir diesen Namen gegeben?

**RUKELI:** Meine Mutter natürlich. Rukeli heißt Bäumchen, auf Romanes. Ich war so schmal und aufge-
schossen, als Kind.

**OLGA:** Bäumchen passt gut für dich. Passt zu deinem
Boxstil. Das Bäumchen biegt sich. Niemand kann ein
Bäumchen brechen.

*Rukeli lächelt, öffnet die Flasche, es knallt, Olga hält ihm
zwei Gläser hin, er schenkt ein, sie stoßen an.*

**OLGA:** Auf deinen Sieg!

**RUKELI:** Und auf den Verlierer. Den machen sie jetzt
fertig, kannst du mir glauben. Verliert gegen einen
Zigeuner. Arme Sau.

**OLGA:** Mann, haben die getobt! Die hätten glatt die
ganze Bockbierbrauerei zerlegt, wenn Parteigenosse

Radamm nicht einen Rückzieher gemacht hätte. ...
Deutscher Meister – ich bin sehr, sehr stolz auf dich,
Rukeli.

RUKELI: Ich habs ihnen schon mit acht Jahren gesagt,
in der Turnhalle der Bürgerschule zehn: „Ich werde
deutscher Meister." Haben sie gelacht. Musste einiges
einstecken. Dafür schon mit fünfzehn zum Boxclub
Heros Hannover. Der Trainer ein Militärschädel, ehe-
maliger Flieger, aber gut für mich.

OLGA: Er wollte das Bäumchen nicht brechen?

RUKELI: Na ja, er hat schon versucht, mir das Tanzen abzugewöhnen, aber irgendwann gab er es auf.
Ich gewann ja, immer öfter. Hannoverscher Meister der Amateure, dann Norddeutscher Meister im
Mittelgewicht ...

OLGA: Und dass du Zigeuner bist ...?

RUKELI: Hat damals keine Rolle gespielt. Nie. Keine
blöde Andeutung, nichts. Kamen ja alle von unten,
aus den Arbeiterbezirken, aus den Armenvierteln.
Und die Zuschauer hatten immer Spaß mit mir, sie
mochten mich. – Aber dann mischte sich die Politik
ein, man verbot mir, bei den Olympischen Spielen
teilzunehmen. Deshalb bin ich zu den Profis gewech-
selt. Hab endlich Geld verdient. Früher bekam ich
vier Pfund Kartoffel für den Sieg, heute geben sie
mir 2500 Mark für den Kampf.

OLGA: Nein!

RUKELI: Doch. Und ich kämpfe mindestens zwölfmal
im Jahr.

OLGA: Da hab ich einen reichen Verlobten und wusste
es nicht.

RUKELI: Na, schlecht? – Was verdienst denn du?

OLGA: 93.

RUKELI: 93 Reichsmark? Im Monat?

*Sie nickt.*

**Rukeli:** Au weia. Ich denke, das lässt du jetzt bleiben.

**Olga:** Wollt ich dir schon vorschlagen. Weißt du, mit dir bis um drei durch die Kneipen ziehen und dann um halb sieben meinen Herrschaften das Frühstück servieren ...

*Rukeli nimmt aus dem Korb einen Apfel, bricht ihn mit den Daumen auseinander, reicht die eine Hälfte Olga, die andere Hälfte (mit dem Stiel) behält er. Sie schaut ihn fragend an.*

**Rukeli:** Wir heiraten jetzt.

„Eines Tages werde ich dir begegnen
und du wirst mich sehen,
und wenn du mich gesehen hast,
wirst du mich essen,
denn ich bin Nahrung."

Iss.

*Sie isst ihre Hälfte, er die seine.*

**Rukeli:** Und jetzt sprich mir nach:

„Ich bin deine Nahrung,
du bist meine Nahrung,
wir sind Lebensspeise."

**Olga:** „Ich bin deine Nahrung,
du bist meine Nahrung,
wir sind Lebensspeise."

*Er küsst sie.*

**Rukeli:** Jetzt sind wir ein Paar. Jetzt sind wir verheiratet.

*Sie umarmt ihn lange.*

**Olga:** Rukeli.

**Rukeli:** Ja?

**Olga:** Macht ihr das immer so?

**Rukeli:** Nein, schon lange nicht mehr. Früher.

**OLGA:** Ich hab deiner Mutter ein Versprechen gegeben. Dass ich zu dir stehen werde. Vor aller Welt. Also werden wir zum Standesamt gehen.

*Er schweigt.*

**OLGA:** Ich will das so.

**RUKELI:** Ich fürchte, es wird etwas kommen ...

**OLGA:** Das ist mir egal. Ich hatte noch nie so einen Mann wie dich. Du gibst so viel. Viel mehr als ich dir.

**RUKELI:** *(lächelt)* Nein, stimmt doch nicht. Zwei Apfelhälften.

**OLGA:** Und die gehen aufs Standesamt.

**RUKELI:** *(umarmt sie)* Süßeste.

*Dunkel. Musik.*

# 5.
## DER 2. KAMPF

**SPRECHERSTIMME:** (*„liest" Brief vor*) Herr Trollmann! In seiner letzten Sitzung hat der Vorstand der Boxsportbehörde Deutschlands einstimmig beschlossen, Ihnen den Meisterschaftstitel im Halbschwergewicht wegen bewiesenen unsportlichen Verhaltens wieder abzuerkennen. Flitzen und Punkten sind eines Meisters nicht würdig. Wir geben Ihnen jedoch die Möglichkeit, am 21. Juli erneut gegen den Halter des Titels anzutreten. Sollten Sie wieder wie ein Derwisch im Ring herumtanzen, wird Ihnen die Boxlizenz entzogen.

Legen Sie endlich Ihren theatralischen Stil ab, verzichten Sie auf Ihre zigeunerhafte Unberechenbarkeit, finden Sie sich mit der neuen Richtung des Verbandes ab und überzeugen Sie im Ring mit ehrlichem, deutschem Faustkampf.

Heil Hitler, Dr. Hans-Joachim Heyl

*Licht auf den Ring.*

*Alle sind schon da. Wolf und der Ringrichter im Ring, in der ersten Reihe wieder Olga und Rukelis Familie, außerdem Heinz und Dr. Ritter.*

*Sie warten auf Rukeli. Endlich kommt er durch den Zuschauerraum, Scheinwerfer auf ihn. Heute trägt er keinen Mantel. Sein Körper ist weiß gepudert, am Kopf trägt er eine ziemlich blöde blonde Perücke. Alle sind verblüfft wegen seines Aussehens. Rukeli schreitet mit schweren Schritten, parodiert einen „deutschen Faustkämpfer", schüttelt „drohend" die Fäuste. Alle starren fassungslos auf ihn, auch Wolf, Olga und die Familie. Ritter scheint amüsiert.*

*Rukeli steigt zwischen die Seile hindurch in den Ring,
begrüßt mit erhobenen Fäusten das Publikum, begrüßt
auch seinen Gegner Wolf mit ausgestrecktem Arm. Dieser fühlt sich verspottet bis ins Innerste. Gong.
Wolf geht sofort auf Rukeli los. Dieser tapst absichtlich
schwerfällig herum, bekommt eine auf die Schnauze, liegt
da, steht gleich wieder auf, tapst wieder herum. Bis zum
Ende behält er seinen „Deutschen-Faustkampf"-Stil bei,
aber immer weniger parodistisch, denn es wird ein wilder
Kampf. Rukeli bleibt in der Ringmitte, wehrt sich anfangs
kaum, lässt Wolf auf sich einschlagen, aber dann prügelt
er sich brutal mit ihm, Fuß an Fuß, ohne zurückzuweichen. Dieser rächt sich nun bitterlich für die Verspottungen im letzten Kampf. Rukeli blutet an mehreren Stellen im Gesicht, auch eine Augenbraue ist geplatzt. Gong.
Beide wenden sich ihrer Ecke zu. Dunkel.*

**SPRECHERSTIMME:** *(währenddessen ab Kampfbeginn)*
Es war ein fabelhafter Kampf, den Wolf bot, und
die Gerechtigkeit gebietet, festzustellen, dass Trollmann sich alle Mühe gab und wirklich als Kämpfer
in den Ring kam, um seine katastrophale Wurstelei,
die er im letzten Kampf vorgeführt hatte, vergessen zu machen. Der Zigeuner, der es nicht unterlassen konnte, mit blondiertem Haar eine allerdings
schon ziemlich langweilige Note in den Ring zu bringen, wusste nur zu genau, dass er bei Beibehaltung
seiner bisher vorgeführten Kampfweise vom Verband schrecklich bestraft werden würde. Die erste
Runde beginnt mit einem furiosen Schlaghagel beider Boxer und endet unentschieden. Trollmann blutet aber bereits aus mehreren Wunden im Gesicht.
In der zweiten Runde schießt Wolf mit ungeheurer
Gewalt seine Schläge heraus, Trollmann hält dagegen.
In der dritten Runde stellt Trollmann seinen Gegner

in der Ecke und erwischt Wolf mit einer Geraden. Wolf wackelt, die Zuschauer wittern die Sensation, feuern Trollmann an. Die Runde geht an Trollmann, der Kampf steht auf Messers Schneide. In der vierten Runde lässt Wolf ein wahres Trommelfeuer der Vernichtung auf den Zigeuner los. Trollmann geht schwer getroffen zweimal zu Boden. Eine Runde für Wolf.

*Gong. Licht. Wolf und Rukeli kämpfen wieder. Der Kampf läuft ab, wie der Sprecher ihn beschreibt.*

**SPRECHERSTIMME:** Fünfte Runde: Der Sekundant in Trollmanns Ecke konnte das Blut nicht stoppen, der Zigeuner sieht anscheinend kaum mehr etwas, ist schwer angeschlagen, ermüdet, musste einfach zuviel von seinem Gegner einstecken. Wolf hingegen entwickelt nun erst recht einen ungeheuren Vernichtungswillen. Uppercut, ein mörderischer rechter Schlag auf den Solarplexus, linker Haken in die Leber, Schläge auf die blutenden, aufgeplatzten Augenbrauen. Zweimal geht Trollmann zu Boden, wird angezählt, einmal kann er knapp bei neun erst aufstehen. Wolf stellt sich Trollmann hin, zwei Körpertreffer, zwei fürchterliche an den Kopf, Trollmann geht ohnmächtig zu Boden und wird endgültig ausgezählt. Aus und vorbei.

**OLGA:** (*ist erschreckt aufgesprungen*) Rukeli!

*Der Ringrichter macht das Zeichen für das Ende des Kampfes, hebt den Arm von Wolf hoch, der Siegerkranz wird hereingeworfen, der Ringrichter legt ihn Wolf um. Dieser streckt grimmig-befriedigt den rechten Arm zum Hitlergruß aus. Jubel der Anhänger von Wolf („Wolf! Wolf! Wolf!").*

**STIMME:** Hat's dich erwischt, Zigeunerschwein? Hau endlich ab in die Walachei!

*Dunkel.*

**SPRECHERSTIMME:** *(Zitat Boxzeitung)*
War einmal ein Zigeuner,
So schön wie er war koiner,
Mit Wuschellocken schwarz wie die Nacht,
nicht vom Friseur erst kraus gemacht,
sie passten zu ihm wie bestellt,
und war er manchmal gar kein Held,
so seufzten jene Damen,
die seinetwegen kamen,
er hat ne schlechte Strähne.
War einstmal ein Zigeuner –
Jetzt ist er nämlich koiner.
Denn Wasserstoff und Sonnenbrand –
In beiden er zu lange stand.
Wie haben sie ihn bloß verhunzt,
verblichen selbst ist seine Kunst.
Vom Fuchs blieb nur der Farbenschein,
der viel zu schön, um echt zu sein,
So schmähte eine zornentbrannt,
die intressant den Wolf nur fand.
Tja, war mal ein Zigeuner!

*Dunkel. Musik.*

**6.**

*Vater Schnipplo, Mutter Pessi, Bruder Carlo (jetzt ohne SA-Uniform), Bruder Stabeli (ohne Geige), Olga (hat Tasche mit drei Brotlaiben).*

**OLGA:** Sein Manager hat den Vertrag mit ihm gelöst und Rukeli hat keine Angebote mehr bekommen. Und so hat er auf dem Rummel gekämpft, für ein paar Mark.

**SCHNIPPLO:** Der Deutsche Meister am Rummelplatz. Das sind Zeiten.

**OLGA:** Die vom Boxverband haben das erfahren und ihn endgültig ausgeschlossen. Dann hat ihn ein SA-Trupp zusammengeschlagen und er ist dafür eingesperrt worden. Als ich endlich das Gefängnis herausfand und hinfuhr, war er schon nicht mehr dort. Angeblich entlassen. Ich weiß nicht, wo er ist.

**PESSI:** Wir haben auch keine Nachricht, Olga. – Benni und Mauso sind ebenfalls verschwunden.

**OLGA:** Dieser Polizist bei der Zigeunerzentrale. Weiß der nichts?

**CARLO:** Der Heinz lässt sich verleugnen. Will nichts mehr mit uns zu tun haben.

**SCHNIPPLO:** Stabeli, wo ist deine Geige?

**STABELI:** Ich hab Auftrittsverbot. Drum hab ich sie verkauft.

**PESSI:** Ein Zigeuner verkauft seine Geige nicht! Stabeli! Die Geige hat der Familie gehört.

**SCHNIPPLO:** Verkauft unsere Geige. Auf der hab ich gespielt. Jahrzehnte lang. Sie hat gelebt. Sie hat sich an meine Wange geschmiegt, sie mochte mich. Hat fast von selbst gespielt.

**STABELI:** Der Hunger, Tata!

**CARLO:** Hör auf zu jammern, Stabeli. Ich hab sechs hungrige Mäuler zu stopfen. Wir fahren aufs Land in der Nacht, heimlich Kartoffeln ausgraben.

**STABELI:** Warum heimlich? Geh in deiner SA-Uniform hamstern. Kommt bestimmt gut an bei den Landwirten.

**CARLO:** Spiel dich nicht auf. War eine Verkleidung, weiter nichts; hat uns eine Weile geholfen. Inzwischen haben sie mir die Uniform vom Leib gerissen. Noch viel heftiger als du damals.

**STABELI:** Tata, gib mir Lottchen, und den Leiterwagen. Der Kohlenhändler kann mich brauchen.

**SCHNIPPLO:** Lottchen ist nicht mehr.

*Stabeli schaut ihn an.*

**SCHNIPPLO:** Geh in den Stall, schau's dir an. Große, schreckliche Augen. Wie der Krieg. Aus Schulter, Brust und Lende große Fleischstücke herausgeschnitten ... Die Hinterbeine weg bis zur Kruppe. Riesenblutlache. Sie haben mir mein Lottchen umgebracht, Stabeli. Und fressen sie auf.

**CARLO:** Wer war das? Ich stech sie ab.

**SCHNIPPLO:** Weiß ich nicht. Gadsche. Aus unserm Viertel. Für uns ist das Pferd heilig, das wisst ihr. Keiner von uns würde sowas tun. Eher würden wir verhungern.

*Stabeli legt den Arm um ihn.*

**SCHNIPPLO:** Sie hat mich gespürt auf zwei Kilometer, und hat freudig gewiehert. Hat den Apfel vorsichtig aus meiner Hand genommen, ganz leise geschnaubt, mit den samtigen Nüstern. *(Weint.)*

**CARLO:** Ich erwisch die schon, Tata. Ich hab eine gute Nase.

**PESSI:** Wie oft hab ich's dir gesagt, Schnipplo? Unser Lottchen vor den alten Wagen spannen und in den Wäldern verschwinden.

**SCHNIPPLO:** Und von Pilzen und Beeren leben?

**PESSI:** Haben wir früher auch getan. Außerdem haben wir den Schleifstein noch, und alles, was man zum Kesselflicken braucht.

**SCHNIPPLO:** Wir haben Reiseverbot. Die Bauern würden uns verraten.

**PESSI:** Ach was, denen geht's auch nicht gut. Fast alle Männer im Krieg. Sind froh, wenn wir ihnen die Messer und Scheren schleifen und billige Klamotten bringen. Und zur Erntezeit am Feld mithelfen, für etwas Fett und Rüben. – Sollen wir hier in der Stadt verhungern in unserer verfaulten Fachwerkhütte? Sollen wir im Dreck verrotten, zwischen den Läusen, Wanzen und Kakerlaken? – Wir hätten nie sesshaft werden sollen, nie!

**SCHNIPPLO:** *(verzweifelt)* Was schimpfst du denn mit mir, Pessi? Ich kann nicht mehr. Wo ist Rukeli, warum meldet er sich nicht?

**PESSI:** *(legt die Hand an seinen Arm)* Keine Sorge, Tata, Bäumchen schlägt sich durch.

**OLGA:** Das sagst du so. Wenn sie alle gegen ihn sind.

**PESSI:** Bäumchen schlägt sich immer durch, Olga. Verliert nie den Mut.

**SCHNIPPLO:** *(verzweifelt)* Wo sind Benni und Mauso? Wir haben immer gewusst, wo die Kinder sind.

**PESSI:** *(umarmt ihn)*
Ist ja gut, Tata, ist ja gut.

**OLGA:** Ich hab euch Brot mitgebracht. *(Nimmt einen Laib heraus, gibt ihn Stabeli, gibt den Sack Carlo.)* Nehmt nur. Ich arbeite wieder.

**SCHNIPPLO:** Hat Rukeli nichts erspart?

**OLGA:** Ach, Schnipplo, du kennst doch deinen Sohn.

**PESSI:** Ein Sinto ist nicht wie ein Gadscho. Ein Sinto gibt aus mit vollen Händen! Ein Sinto spart nicht,

Schnipplo! Er singt und tanzt, er liebt die Menschen und die Welt!

*Rukeli kommt. Sein weißer Anzug ist abgerissen und schmutzig, er ist überhaupt in einem schlechten, merkwürdigen Zustand. Pessi umarmt ihn.*

**PESSI:** *(Romanes)* Rukeli! Mein Söhnchen, mein Liebling!

*Rukeli sieht Olga, geht zu ihr, umarmt sie.*

**OLGA:** Wo warst du? Warum hör ich seit Monaten nichts von dir? Ich hab Todesängste ausgestanden!

**RUKELI:** Ich war Kohle schaufeln.

**OLGA:** Kohle schaufeln?

**RUKELI:** *(mit grimmiger Verzweiflung)* Schwarzer Zigeuner ganz schwarz. Und jeder will mit Rukeli kämpfen. Seit Rukeli auf der Matte lag, will jeder mit ihm kämpfen. Und wenn es mit der Kohlenschaufel ist! – Tata, wie geht's dir? *(Küsst ihm die Hand.)*

**SCHNIPPLO:** Sie haben unser Lottchen umgebracht.

**RUKELI:** Sie haben unser Lottchen umgebracht. Habt ihr vom Haarmann gehört, dem Polizeispitzel? Der sich 87 Jungs von der Straße geschnappt hat? Er hat von ihnen gegessen, aber das meiste am Markt verkauft. Als Pferdefleisch. *(Schüttelt sich angeekelt.)*

**OLGA:** Rukeli, was ist mit dir?

**RUKELI:** Ich war im Teutoburger Wald.

**OLGA:** Wieso im Teutoburger Wald?

**RUKELI:** Hat mir nicht mehr gefallen in der Kohlengrube. Bin ich abgehauen in den Wald. Dort traf ich eine Sinti-Familie. Das war schön. Die wird man nie finden.

**PESSI:** Sag ich doch! Sag ich doch immer! Weg, Tata! In den Wald! Wärst du doch dort geblieben, Rukeli!

**RUKELI:** Ich kann nicht sein ohne euch. Ich kann nicht ohne meine Frau sein. *(Legt den Arm um Olga.)*

*Pessi, Schnipplo, Carlo und Stabeli kommen zu ihm, alle umarmen sich, bilden eine Einheit.*

*Heinz (in Polizeiuniform) und Ritter kommen.*

**HEINZ:** Zusammenhalten, ihr habt recht. Zusammenhalten muss man. Das mag ich an euch. Bei uns bespitzelt jeder jeden.

*Die Familie löst sich voneinander. Alle haben Angst.*

**RITTER:** Sie haben nicht ganz unrecht, Wachtmeister. Aber wir wollen doch nicht die deutsche Volksgemeinschaft in ein schlechtes Licht setzen, oder?

**CARLO:** Lange nicht gesehen, Heinz. Wanzo und ich warten jeden Sonntag, dass du auf ein Spiel vorbeikommst.

**HEINZ:** Viel zu tun, Carlo. Viel zu tun.

**PESSI:** Und was wollt ihr mit uns jetzt tun?

**HEINZ:** Ja, tut mir leid, ihr wisst, ich hab viel für euch übrig, aber ... Befehl ist Befehl. – Pessi, Schnipplo, Carlo, euch passiert weiter nichts, aber Rukeli und Stabeli muss ich leider ...

*Ritter bringt Heinz mit einer Geste zum Schweigen, dann streckt er seine offene Hand Pessi entgegen. Sie schaut darauf, schaut ihn irritiert an.*

**RITTER:** Lies, Pessi.

**PESSI:** Ich versteh Sie nicht, Herr Doktor.

**RITTER:** Du kannst doch aus der Hand lesen. Also lies.

**PESSI:** Ich lese nicht aus der Hand.

**RITTER:** Doch, das tust du. Es kommen Leute zu dir, und du liest ihnen aus der Hand. Für Geld.

**PESSI:** Man muss leben. Sind nur ein paar Pfennige.

**RITTER:** Ich weiß. Und du sagst ihnen lauter schöne Sachen.

**PESSI:** Soll ich ihnen traurige sagen? Die Zeiten sind traurig genug.

**RITTER:** Die Zeiten sind nicht traurig, Pessi, sie sind groß. Der Einzelne zählt nicht, das Volk zählt.

**PESSI:** Es ist Krieg. Ist das nicht traurig?

**RITTER:** Für die Verlierer, ja. Nicht für uns Sieger. Und wir siegen an allen Fronten. Und so wird es auch weitergehen. Bis der Kontinent uns gehört.

**PESSI:** Wenn Sie alles wissen, Herr Doktor, warum soll ich Ihnen dann aus der Hand lesen?

**RITTER:** Ich weiß natürlich nicht alles. Ich hab nur einen Glauben.

**PESSI:** Sie sind Arzt, ein berühmter Wissenschaftler. Von Ihnen hätte ich mir erwartet, Sie halten das für Kirmeszauber. Was es ja auch irgendwie ist. Wir lesen ja nicht nur in der Hand, sondern auch im Gesicht, in den Augen, in den Herzen. Und wir stellen geschickte Fragen.

**RITTER:** Damals, als ich von daheim weglief, in den Wald hinaus, zu den Zigeunern, hat mir auch eine Frau aus meiner kleinen Hand gelesen. Und alles ist eingetroffen, bis jetzt.

**PESSI:** Damit sollten Sie sich zufrieden geben. Es ist nicht gut, von der Zukunft zu wissen. Das wissen wir Zigeuner am besten. Wir leben immer jetzt. Nie schauen wir uns gegenseitig in die Hand.

**RITTER:** Ich mach dir einen Vorschlag, Pessi. Wenn du mir aus der Hand liest, und wenn ich das Gefühl habe, dass du mir die Wahrheit sagst, dann nehme ich heute nur einen mit.

**PESSI:** *(schaut zu Stabeli und Rukeli, wieder zu Ritter)* Stabeli oder Rukeli.

**RITTER:** Richtig.

*Er hält ihr die Hand hin, sie schaut darauf, schaut Stabeli und Rukeli an, seufzt auf, nimmt die Hand von Ritter, schaut lange darauf. Sie sieht viel. Sie sieht viel Schrecken.*

*Alles spielt sich auf ihrem Gesicht ab. Sie stöhnt auf. Dann*
*schaut sie Ritter in die Augen. Dann auf seinen Bauch.*
*Sie legt ihre linke Hand an seinen Bauch. Er erschau-*
*dert. Sie nimmt ihre Hand zurück, schaut noch einmal*
*auf seine, lässt sie los.*

**RITTER:** Ich höre, Pessi.

**PESSI:** *(nach einer Pause)* Das Deutsche Reich wird
untergehen. *(Nach einer Weile:)* Aber du wirst siegen.

*Ritter muss das erst verarbeiten.*

**RITTER:** Aber ich werde siegen?

**PESSI:** Ja, Herr Doktor Ritter.

**RITTER:** Ich weiß nicht, ob es so kommen wird, wie du
sagst. Aber – du hast jetzt nicht gelogen; ich spüre
das. Also will ich mein Versprechen halten. Wir nehmen diesmal nur einen. *(Schaut Rukeli an.)* Und zwar
nehmen wir den verlorenen Sohn. Den wir aus den
Augen verloren haben, der sich für uns unsichtbar
gemacht hat. – Stabeli, du kannst gehen.

*Stabeli schaut Rukeli an.*

**RITTER:** Na, geh schon.

*Pessi macht Stabeli ein wegscheuchendes Zeichen, Sta-*
*beli geht eilig weg.*

**RITTER:** Kommst du, Rukeli?

*Rukeli starrt ihn an.*

**RITTER:** *(winkt ihm)* Auf ein Wort, Meister.

*Rukeli kommt zu Ritter, dieser nimmt ihn freundlich am*
*Arm, geht mit ihm ein Stück weg, sodass die anderen*
*nicht zuhören können.*

**RITTER:** Hast du von den Nürnberger Rassegesetzen
gehört?

**RUKELI:** *(kann einfach nie seinen Mund halten)* Keine
Ahnung. Ich kenn nur die Nürnberger Rostbratwürste.

**RITTER:** Es handelt sich um Gesetze zum Schutz des
deutschen Blutes und der deutschen Ehre. Heirat

zwischen Deutschblütigen und Juden ist verboten. Heirat zwischen Deutschblütigen und Zigeunern ist ebenso verboten.

**Rukeli:** Sind wir keine Arier mehr? Scheißdreck! Und wär so gern ein Arier gewesen, ein deutscher Faustkämpfer. Was tun wir da?

**Ritter:** Du lässt dich sterilisieren und du lässt dich scheiden. Das tun wir.

*Alle schauen besorgt her.*

**Rukeli:** Sterilisieren? Was ist das, Herr Doktor?

**Ritter:** Unfruchtbarmachung.

**Rukeli:** *(geschockt)* Entmannung.

**Ritter:** Nicht ganz so drastisch. Kleiner, harmloser Eingriff. Das machen wir gleich heute.

**Rukeli:** Das machst du nicht mit mir.

**Ritter:** Doch, das mach ich mit dir. Sonst geht deine ganze Familie ins Konzentrationslager. Du auch, natürlich. – Du wirst es nicht wissen, aber keiner kommt aus dem KZ zurück. Keiner.

*Rukeli starrt vor sich hin, schaut zu seiner Familie.*

**Ritter:** Und dann wirst du dich scheiden lassen. Die Ehe hat nie existiert. Olga bleibt unangetastet, es passiert ihr nichts, ich verspreche es dir.

**Rukeli:** Bist du der Teufel?

**Ritter:** *(lächelt)* Sei nicht so pathetisch, Rukeli. Sagen wir es so: Ich bin der Herr über Leben und Tod.

*Rukeli schaut ihn an. Würde ihn so gern umbringen.*

**Ritter:** Weißt du, die ganzen degenerierten Großstadtzigeuner sind die gefährlichsten – die Artisten, die Varieté-Künstler, besonders auch die Musiker, die jetzt alle Django Reinhardt nachahmen – Hot Club de France … Nackte Negerweiber schütteln aufreizend ihre Hüften … Du gehörst auch dazu, Rukeli, alle seid ihr gänzlich der ursprünglichen Zigeunernatur entfremdet. Alle muss man euch an der Fortpflanzung hindern. *(Schaut zur Familie, zu Olga, schaut Rukeli an.)* Gehst du jetzt mit, oder nicht?

**RUKELI:** Ich geh mit.

**RITTER:** Dann komm.

*Ritter nimmt Rukeli am Arm (nicht brutal, eher wie einen Freund), geht mit ihm weg.*

**RITTER:** *(wiederholt den spöttischen Gruß von Rukeli)* Heil, die Rassenhygiene. Nicht wahr, Rukeli?

*Die anderen schauen erschreckt her. Rukeli schaut nicht zurück.*

**OLGA:** Rukeli! Rukeli!

*Olga will ihm nach, Heinz hält sie zurück.*

**HEINZ:** Nein! Bleib! Rukeli rettet euch! *(Zu Pessi und Schnipplo:)* Keine Angst, ihr kommt nicht ins Gefängnis, ihr kommt nicht ins KZ, sondern in ein Sammellager. Das liegt draußen im Altwarmbüchener Moor, ganz abseits, ihr seid weit weg vom Schuss. Da sind schon Eisenbahnwaggons abgestellt worden, in denen könnt ihr wohnen. Fast wie früher, nur gefahren wird halt nicht.

**SCHNIPPLO:** Ins Moor tut ihr uns? Und da fressen uns dann die Blutegel oder was?

**PESSI:** *(zu Heinz)* Warum sagst du, Rukeli rettet uns? Was geschieht mit ihm?

**HEINZ:** Irgendwas Rassenhygienisches, ganz harmlos.

*Olga ist besorgt.*

**HEINZ:** *(zu allen)* In einer Stunde kommt der Lastwagen, also bitte ...!

**CARLO:** Mich und meine Familie betrifft das aber nicht, oder?

**HEINZ:** Doch. Tut mir leid, Carlo.

**CARLO:** Meine Frau ist Deutsche, meine Kinder also auch halb deutsch. Das weißt du doch.

*Heinz schaut hilflos.*

**CARLO:** Wir machen ein Spiel, Heinz. *(Holt Kartenspiel hervor, mischt.)* Wenn *du* gewinnst, geh ich mit Erna und den Kindern ins Moor und du kriegst außerdem zehn Mark. Oder wir gehen nicht ins Moor und du kriegst 20 Mark. Wenn *ich* gewinne, gehen wir nicht, du kriegst 20 Markt, gibst mir aber 10 zurück. – Kapiert?

**HEINZ:** *(verwirrt)* Also ... wenn ich gewinne, dann krieg ich ... Nein, wenn du gewinnst ... Jedenfalls krieg ich was, oder?

**CARLO:** Auf jeden Fall! *(Fächert die Karten, hält sie mit dem Rücken nach oben Heinz hin.)* Nimm dir drei und zeig sie mir.

*Heinz zieht drei Karten, zeigt sie Carlo, der nimmt sie.*

**CARLO:** Ass, Zehner, Dame. Macht elf, zehn und drei Punkte, sind vierundzwanzig.

*Carlo mischt alle Karten, macht Fächer, gibt ihn Heinz, der hält ihn Carlo hin, dieser zieht drei Karten.*

**CARLO:** König, Dame, Bube. Macht vier, drei und zwei Punkte, sind neun. – Du hast gewonnen, Heinz, wie immer, du Schweinehund.

*Heinz lacht.*

**CARLO:** Du kriegst also zwanzig Mark *(gibt Heinz zwei Zehnmark-Scheine)*, ich geh nicht ins Moor und du gibst mir zehn Mark zurück *(Nimmt ihm einen Zehner wieder weg)*.

*Heinz leicht verwirrt.*

**CARLO:** *(mischt die Karten neu)* Jetzt spielen wir um Pessi und Schnipplo.

**HEINZ:** Nein! Das geht nicht! Ich muss doch wenigstens ein paar von den Befehlen ausführen, die ich in der Zigeunerzentrale bekomme! *(Zu Pessi und*

*Schnipplo.)* Ihr packt jetzt zusammen, seid so gut. –
Es passiert euch nichts dort!

*Carlo nimmt Heinz den Zehner wieder aus der Hand,
dieser schaut verblüfft.*

**SCHNIPPLO:** Was du da gesagt hast, Pessi, dass er siegen wird, dieser Doktor Ritter – das kann doch nicht
sein! Das hast du doch nicht wirklich gesehen, oder?

**PESSI:** Doch, das hab ich gesehen. Aber versteh mich
richtig: Ich habe damit gemeint, dass Leute wie er
siegen werden. *Immer* siegen sie, das ist mir jetzt
klar. – Alles, was dieser Doktor Ritter je über uns aufgeschrieben hat, werden sie weiter gegen uns ver-
wenden. – Er selber wird nicht siegen. Es sitzt etwas
in seiner Bauchhöhle. Vielleicht zehn Jahre lebt er
noch, die letzten unter furchtbaren Qualen.

**OLGA:** *(geht auf Heinz los)* Ich will wissen, was er mit
Rukeli macht! Sag es mir! Sag es mir!

**HEINZ:** Das willst du nicht hören, Olga.

**OLGA:** Doch! Sag es mir!

**PESSI:** *(packt ihn am Kragen)* Sag es uns! Das bist du
uns schuldig!

**HEINZ:** *(reißt sich los)* Frechheit! Ich bin euch überhaupt nichts schuldig!

**CARLO:** Stell dich nicht blöder an als du bist, Heinz!
Warum hast du wohl ständig gewonnen, beim Kartenspiel? Weil du so verdammt gut darin bist? Glaubst
du das?

**OLGA:** *(packt Heinz)* Spuck es endlich aus! Was tut er
mit Rukeli?

*Schnipplo sinkt plötzlich tot zu Boden. Pessi, Carlo und
Olga stürzen auf ihn zu, wollen ihn halten, auffangen,
Pessi sinkt mit ihm nieder. Sie zieht seinen Oberkörper
hoch, schaut ihn an, schließt ihm dann die Augen, drückt
ihn an sich. Heinz erschrocken.*

**PESSI:** Schnipplo, mein Schnipplo. Hast immer behauptet, du bist kein Zigeuner mehr. Stimmt aber nicht. Wir hatten immer noch dieselben Träume, du und ich; gleichzeitig. Und wir haben geträumt, was wir wollten. Das können nur Zigeuner.

*Dunkel. Musik.*

# 7.

*Böschung an Bächlein.*
*Olga und Rukeli liegen an der Böschung, er birgt seinen*
*Kopf an ihrem Bauch, sie hat die Hand an seinem Kopf.*
*Nach einer Weile schluchzt er gequält auf. Sie drückt*
*ihn an sich.*

**RUKELI:** Ich bring ihn um! Ich bring den um!
*Sie versucht ihn zu besänftigen.*
**RUKELI:** *(schaut sie an)* Ich erzähl es dir!
**OLGA:** Nein!
**RUKELI:** Du sollst es hören!
**OLGA:** Ich will das nicht hören!
**RUKELI:** Du musst es hören! Damit du es weitererzäh-
len kannst. – Er hat mich an der Leiste aufgeschnit-
ten und hat mit seiner Hand ganz tief in mich hinein-
gegriffen und hat so ein Geschlinge herausgezogen;
alles von mir, was ich bin, als Mann, hat er heraus-
gezogen, hat es abgeschnitten und in einen Abfall-
kübel geworfen.
**OLGA:** *(entsetzt)* Du hast dabei zugesehen? Keine Nar-
kose?
**RUKELI:** Ich lass mich doch nicht von dem einschlä-
fern. Dann wach ich ja nie wieder auf!
*Sie drückt ihn an sich.*
**RUKELI:** Es gibt mich seit tausenden von Jahren. Und
jetzt sterbe ich aus. Jetzt bin ich nicht mehr. Ohne
Kinder ist man nicht mehr.
**OLGA:** Rukeli. Hör einmal.
*Sie legt seinen Kopf mit dem Ohr an ihren Bauch. Er*
*lauscht. Dann fassungslos. Lauscht wieder, legt die Hand*
*auf ihren Bauch, richtet sich auf, schaut sie an.*

**Rukeli:** Du bist in der Hoffnung?

**Olga:** Ja, Liebster. Wir bekommen ein Kind.

*Er umarmt sie, küsst sie, ist außer sich.*

**Rukeli:** *(redet in ihren Bauch)* Kind! Kind! Jetzt ist mir alles gleich. Wenn du nur da bist! Dann kann ich gehen! Du mein Segen, du Geschenk Gottes. – Weißt du, was du zum Geburtstag kriegst? Mein Motorrad kriegst du, das hab ich gut versteckt. DKW Block 300! *(Gibt mit der rechten Hand Gas, macht den aufheulenden Motor nach.)* Ich wollte ja unbedingt die NSU 500 SS, aber das ist eine Rennmaschine, die geht leicht durch. Meine DKW ist genau das Richtige für dich. *(Küsst Olgas Bauch.)* Ein Motorrad, Kind, ist noch toller als ein Zigeunerwagen, glaub mir. Damit fliegst du durch die Welt!

*Heinz ist gekommen, steht über ihnen. Olga bemerkt ihn, schüttelt Rukeli an der Schulter, dieser schaut sie fragend an, folgt ihrem Blick zu Heinz.*

**Heinz:** Ich stör euch ungern.

*Rukeli steht auf, Olga ebenfalls.*

**Rukeli:** Was willst du? Ich weiß nie, was ich von dir halten soll.

**Heinz:** Ach ja? Warum beleidigst du mich, Rukeli? Wer schützt denn deine Familie und die deiner Mutter? Wer hat den Aufstand angeführt nach der ungerechten Entscheidung bei deinem Meisterschaftskampf? War *ich* doch, oder? Glaubst du, ich mach mich damit beliebt? Was glaubst du, wie viele Anpfiffe ich schon bekommen hab, wegen euch?

**Rukeli:** Entschuldige. Du bist unterwegs mit diesem vollkommen wahnsinnigen Arzt.

**Heinz:** Wär dir lieber, ein anderer Polizist wär mit ihm unterwegs?

**Rukeli:** Jetzt sag schon, warum bist du da?

**Heinz:** Der Doktor Ritter hat sich in dich verbissen und will nicht loslassen. Du musst einfach weg. Du musst verschwinden.

**Olga:** Ja, bitte, Rukeli.

**Rukeli:** *(nach einer Weile)* Gut, ich geh zurück in den Wald.

**Heinz:** Damit gibst du Ritter eine Handhabe gegen deine ganze Familie. Du darfst nicht abhauen.

**Rukeli:** Was soll ich sonst tun?

**Heinz:** Einrücken. Freiwillig einrücken.

**Rukeli:** Zur Wehrmacht?

**Olga:** Doch nicht in den Krieg, Herr Wachtmeister! Da geht er ja drauf! Kann er gleich hierbleiben!

**Rukeli:** Ja, nehmen die mich?

**Heinz:** Natürlich nehmen sie dich. Juden nicht, aber Zigeuner schon. Du wärst nicht der erste. Es geht gegen Russland, sie brauchen dringend Soldaten.

**Olga:** Mach das nicht, Rukeli! *(Zu Heinz:)* Was soll das bringen?

**Heinz:** Der Ritter hat keinen Zugriff mehr, das bringt es. *(Zu Rukeli:)* Du bist tausende von Kilometern weg von ihm. Er kann nicht einmal herausfinden, bei welcher Einheit du dich aufhältst. – In der Wehrmacht bist du geschützt, Rukeli, glaub mir doch.

**Rukeli:** *(überlegt; dann)* Lass mich gehen, Liebste.

**Olga:** *(flüstert weinend)* Du wirst sterben, ohne dein Kind gesehen zu haben.

**Rukeli:** Doch! Doch! Ich werde es sehen. Mit meinen eigenen Augen.

**Heinz:** Ich bring dich zur Stellungskommission, Rukeli. Falls da jemand doch Zicken macht.

*Rukeli umarmt Olga, küsst ihren Bauch, geht zu Heinz und mit ihm weg. Olga schaut ihnen nach, greift an ihren Bauch, schaut darauf.*

**OLGA:** Ach, Kind. Was immer sein wird, ich werde dir ganz tolle Geschichten von deinem Vater erzählen. Ich werde dir seine Fotos zeigen und ich werde dir von seinem Lachen erzählen, und von seiner Zärtlichkeit und von seinem Geruch. Er ist es, der nach Gras riecht, nach Moos und nach Baumrinde. *(Lächelt.)* Und glaubt, ich bin das. Dafür wirst *du* nach ihm riechen und er wird immer bei mir sein.

*Dunkel. Musik.*

**8.**

*Krieg. Dunkel. Leuchtspurmunition (mit entsprechen-
dem Geräusch) schießt über die Bühne. Von der Ferne
Bombeneinschläge.*
*Aus der Dunkelheit schält sich Rukeli in verschmutzter,
abgerissener Wehrmachtsuniform. Sein Kopf ist verbunden, das Blut sickert durch. Er steht Richtung Publikum
gewandt. Das Schießen hört auf. Die Bombenexplosio-
nen in der Ferne halten an.*

**RUKELI:** Wir fanden im Wald eine Zigeunerfamilie.
Keine Partisanen. Es waren Zigeuner. Roma. Meine
Kameraden machten Hasenjagd auf sie und schossen sie alle über den Haufen. Männer, Frauen, Kinder. Ich bin davon gelaufen, hab sie im Stich gelas-
sen. Feige Sau, die ich bin. Dann trieb es mich doch
wieder zurück. – Ein kleines Mädchen kommt auf
mich zugelaufen, sieht mich, bleibt wie angenagelt
stehen – aber da erkennt sie mich als einen der ihri-
gen. – „Tata", sagt sie, „hilf mir." – Ich strecke die
Arme aus, und sie läuft auf mich zu. Da knallt es und
sie fällt mit dem Gesicht voraus ins Moos. Schlen-
dert der Soldat heran, beachtet mich gar nicht, dreht
sie mit dem Fuß um, will wieder weggehen. – Und
ich pack ihn und erwürg ihn und stopf ihn in einen
hohlen, morschen Baum. – Keiner hat's bemerkt. –
Warum ich Ihnen das erzähle? Weil ich nicht mehr
mag, Herr Hauptmann. Erwartet die deutsche Wehrmacht von mir, dass ich mein Volk umbringe? Stellen Sie mich einfach an die Wand.

*Dunkel. Musik.*

**9.**

*Licht auf Ritter.*

**RITTER:** *(ins Publikum)* Es ergeht ein Erlass von Reichsführer-SS Heinrich Himmler betreffs Einweisung sämtlicher sich im Reichsgebiet aufhaltenden Zigeunermischlinge, Sinti- und Rom-Zigeuner sowie auch der balkanischen Zigeuner in ein Konzentrationslager des Reiches. Darauf hingewiesen wird insbesondere, dass es seit dem 10. Juli 1942 verboten ist, Zigeuner und Zigeunermischlinge in den aktiven Wehrdienst aufzunehmen. Diese Bestimmung ist nicht überall beachtet worden, denn immer noch befinden sich solche Personen an der Front und wurden zum Teil sogar ausgezeichnet. Hiermit ergeht die strenge Weisung, alle Zigeuner aus dem Wehrdienst zu entlassen und in die Heimatgemeinden zu schicken, wo sie von den Polizeistellen sofort zu verhaften und ebenfalls in ein Konzentrationslager zu verbringen sind. Ab sofort geht es bei den Zigeunern nicht mehr um das Asozialenproblem, sondern sie werden aus dem Wesen ihrer Rasse heraus vom deutschen Volkskörper abgetrennt.

*Lichtwechsel.*

*Rukeli (Wehrmachtsuniform, Kopfverband weg) und Stabeli, der gehetzt und abgerissen aussieht.*

**STABELI:** Warum hat er dich nicht an die Wand gestellt?

**RUKELI:** Ich weiß es nicht. Er hat mich nur angeschaut und kein Wort gesagt. Wahrscheinlich hätte er an meiner Stelle dasselbe getan. – Stempel auf den Urlaubsschein und schon saß ich in einem LKW nach Hause.

**STABELI:** Sie jagen uns, Rukeli. Ich bin in einem Keller versteckt, bei einem Musikerfreund – Gadscho. Vielleicht kann er dich ebenfalls aufnehmen, ich frag ihn. Aber es ist ein Problem mit den Lebensmittelmarken, wir bekommen ja keine. Mein Freund hat Familie, er braucht die Marken selber.

**RUKELI:** Wo sind die anderen?

**STABELI:** Mutter und die Schwestern sind im Moor, Mauso und Benni in einem Arbeitslager, Lolo an der Front, wenn er noch lebt; Carlo haben sie mehrmals verhaftet, aber Erna hat ihn rausgepaukt, er arbeitet für das Heereszeugamt am Güterbahnhof; wie lange das noch geht, weiß ich nicht.

*Olga kommt mit einem Baby am Arm, schaut Rukeli strahlend ab, hält ihm das Baby hin, er nimmt es vorsichtig, schaut es an, drückt es an sich.*

*Stabeli schaut sich immer wieder vorsichtig um.*

**RUKELI:** Mein Kind. Mein Kind.

**OLGA:** Sie heißt Rita. Rita Edith.

**RUKELI:** Rita? Meine süße Rita!

*Er zieht Olga an sich, umarmt sie, küsst sie, küsst das Baby, schaut es an.*

**RUKELI:** Schwarze Haare. Ganz nach mir.

**OLGA:** Ja, ganz nach dir.

**RUKELI:** Oh, riechst du wunderbar, Kind. – Und ganz gesund schaut sie aus. Ganz gesund! – Ich würde so gern bei euch bleiben.

**OLGA:** Geht leider nicht, Liebster. Ich sollte dir das nicht sagen, aber der Doktor Ritter war bei mir.

*Rukeli starrt sie erschreckt an.*

**OLGA:** Er hat gesagt, ganz freundlich wie immer, er kommt nur, um das Kind anzuschauen. Er hat Rita Blut abgenommen.

**Rukeli:** Ich muss den umbringen. Ich muss ihn umbringen.

**Stabeli:** *(zu Olga)* Zieh sofort um. Der nimmt dir das Kind.

**Olga:** Der findet mich trotzdem.

**Rukeli:** Weißt du was, Olga? Wir fahren nach Berlin, mit meinem Motorrad. Dort tauchen wir unter.

**Olga:** Oh ja, bitte, Liebster! *(Umarmt ihn.)* Berlin ist gut, da kenn ich mich aus.

*Heinz kommt.*

**Rukeli:** Wie findest du uns nur immer?

**Heinz:** Ist nicht schwer. Der Ritter hat ein paar Leute auf dich angesetzt, Olga. Damit du ihm nicht davonläufst, mit deinem Zigeunerbastard.

*Rukeli gibt das Baby Olga, will schon wütend auf ihn losgehen.*

**Heinz:** Sein Ausdruck, nicht meiner, beruhige dich!

*Olga und Stabeli schauen sich angstvoll um.*

**Heinz:** Keine Angst, niemand da. Ich hab deinen Bewacher auf ein Bier geschickt. – Aber jetzt solltest du schleunigst abhauen, Olga. Man darf euch nicht zusammen sehen.

*Olga schaut hilflos Rukeli an.*

**Rukeli:** Wir verreisen, Heinz. Olga, das Kind und ich.

**Heinz:** Hörst du mir nicht zu, oder was? Sie steht unter Beobachtung. Geh jetzt, Olga, mach schon!

*Rukeli stellt sich zu Olga.*

**Heinz:** Verdammte Scheiße! Stabeli!

**Stabeli:** So glaub ihm doch, Rukeli! Der Heinz hilft uns ständig! Ohne ihn wäre schon unsere ganze Familie im Lager!

**Heinz:** Ihr kommt da nicht zusammen raus, Rukeli. Lass sie gehen.

*Rukeli denkt nach, überwindet sich schließlich, umarmt Olga, küsst sie, küsst das Kind.*

**HEINZ:** *(schaut sich um, leise zu Olga)* Geh nicht mehr nach Hause. Steig in den nächsten Zug. Schnell. Im Moment bist du unbeobachtet.

*Olga schaut Rukeli an, der nickt, sie geht mit dem Baby davon, schaut zu Rukeli zurück, er wendet sich bewegt ab.*

**HEINZ:** Jetzt zu euch beiden. Das mit dem Militär hat ja leider nicht lange geklappt, Rukeli. Ich wusste nicht, dass man euch alle heimschicken wird. Und jetzt haben wir eine ziemlich ernste Situation. Aber, weil du ein berühmter Boxer bist, Rukeli, gibt es einen Ausweg.

**RUKELI:** Welchen?

**HEINZ:** Es ist ein Ausweg, der dir vielleicht – wie soll ich sagen – der dir nicht sofort als solcher erscheinen wird. – Vertrau mir einfach.

**RUKELI:** Klär mich auf! Sei so gut!

**HEINZ:** Das kann ich nicht, Rukeli. Vertrau mir, bitte. – Also, ich verhafte euch jetzt. Pro forma.

*Rukeli traut der Sache nicht, Stabeli ist ebenso verunsichert.*

**HEINZ:** Schön langsam reichts mir, wisst ihr das?

*Er zieht seine Pistole. Rukeli und Stabeli schauen mehr erstaunt als erschreckt.*

**HEINZ:** Jeder will leben, ja? Ich auch! Ihr habt mich schon genug ausgenutzt! – Ich schieß Stabeli ins Bein, ich sags dir, Rukeli!

*Dunkel. Musik.*

*Pause.*
*(Ist notwendig, um die Köpfe von Rukeli und Stabeli zu präparieren, da ihnen im KZ ja die Haare abgeschoren werden.)*

## 10.

*Konzentrationslager Neuengamme bei Hamburg.*
*Im Hintergrund ein hoher Ziegelschlot, über dem eine*
*schwarze Rauchwolke steht. An ihrem unteren Rand*
*leuchtet sie dunkelrot vom Widerschein des Feuers im*
*Krematorium.*
*Licht.*
*Rukeli wurden die Haare abgeschoren, er steckt in abge-*
*rissener Zivilkleidung (die alle hier in diesem KZ tra-*
*gen) und schlechten Arbeitsschuhen. Auf der Jacke ist*
*ein Fleck aufgenäht, versehen mit einem großen weißen*
*Z, einem braunen Winkel und der Nummer 9841. Am lin-*
*ken Unterarm ist die Nummer „Z – 9841" eintätowiert.*
*Auf der Rückseite der Jacke ist senkrecht vom Kragen*
*bis zum Saum mit oranger Ölfarbe ein breiter Strich auf-*
*gemalt (wie bei allen Häftlingen).*
*Rukeli wartet. Nach einer Weile kommt in Uniform der*
*SS-Obersturmbannführer und Lagerleiter Reinhard Wolf,*
*eine Reitgerte in der Hand. Er steht Rukeli gegenüber,*
*schaut ihn ruhig an. Rukeli ist überrascht und beunruhigt,*
*befürchtet das Schlimmste. Wolf gibt ein Zeichen, Heinz*
*kommt in seiner Polizeiuniform daher, hat einen Ochsen-*
*ziemer in der Hand. Rukeli starrt ihn verblüfft an, Heinz*
*schaut nur zu Wolf. Dieser macht eine Handbewegung,*
*Heinz schlägt auf Rukeli ein, bis dieser auf die Knie bricht.*

**WOLF:** Hier geschieht nichts ohne Grund. Weißt du,
warum du die Schläge bekommen hast?
*Rukeli schaut ihn an, bekommt von Heinz wieder eine*
*über den Rücken.*
**WOLF:** Ein Häftling darf einem SS-Mann nicht in die
Augen schauen. Einem Offizier schon gar nicht. Merk

dir das. Man soll ja auch einem Wolf nicht in die Augen schauen, überhaupt keinem edlen Wildtier. Weil das eine Aufforderung zum Kampf bedeutet. Hast du nicht gelernt in der Schule, was? – Steh auf.

*Rukeli steht auf, hält die Augen gesenkt.*

**WOLF:** So sieht man sich also wieder, nicht wahr? *(Beugt sich vor, liest die Nummer von der Jacke.)* Zigeuner 9841. – Hier gibt es keine Namen, weißt du. Du bist ein Nichts. Du bist hier, um zu arbeiten. Vernichtung durch Arbeit, nennen wir das. Und wenn du zu schwach sein wirst, zum Arbeiten, wenn du nur noch kriechen kannst, dann stirbst du. Aus diesem Lager gibt es nur einen einzigen Weg hinaus, 9841. – Siehst du diesen Schornstein da hinten?

*Rukeli schaut zum Schornstein.*

**WOLF:** Das ist der einzige Weg hinaus. Du gehst durch den Schornstein. Als schwarze Rauchwolke. Schwarzer Zigeuner. – Weißt du, warum du hier bist? Weißt du das?

*Rukeli schüttelt den Kopf.*

**WOLF:** Ich hab dich angefordert. Normalerweise kommt ihr nach Auschwitz-Birkenau. Ins Zigeuner-Familienlager. Wir wissen ja, dass ihr auf Familienzusammenhalt großen Wert legt. Das respektieren wir. Durch den Schornstein gehen trotzdem alle, wenn es soweit ist. – Hab lange auf dich gewartet, 9841. Beinah wärst du mir in die Wehrmacht entwischt. Hätte mich sehr getroffen, wenn du an der Front zur Ehre des Vaterlandes gefallen wärst. – Weißt du, ich hatte mir immer gewünscht, ich könnte dich erziehen. Zu einem guten Faustkämpfer erziehen. Denn du kannst was, du kannst was. Aber das, was du deine ganze Karriere hindurch gemacht hast, hat mit Faustkampf nichts zu tun. Also werde ich dich jetzt erziehen. Ich werde dein Lehrer sein, dein Meister. Ich werde einen guten Boxer aus dir machen.

**RUKELI:** *(ohne Wolf anzuschauen)* Wie willst du das anstellen? *Ich* bin der Meister.

*Wolf schaut Heinz an, der prügelt wieder auf Rukeli ein, bis er niederbricht.*

**WOLF:** Ein Häftling darf ohne Aufforderung auch nicht sprechen, 9841. – Obersturmbannführer ist mein Rang, nur damit du Bescheid weißt, wenn ich dir erlaube, zu reden. Verstanden?

**RUKELI:** *(steht auf)* Verstanden.

*Heinz zieht ihm wieder eine über.*

**RUKELI:** Verstanden, Herr Obersturmbannführer.

**WOLF:** Hände an die Hosennaht. Und noch einmal.

**RUKELI:** *(mit den Händen an der Hosennaht)* Verstanden, Herr Obersturmbannführer.

**WOLF:** Wir beginnen am Sonntag. Am Sonntag ist dein erster Kampf. Du wirst einen guten Gegner haben.

*Rukeli sagt nichts.*

**WOLF:** Hast du eine Meinung dazu? Ich erlaube dir, zu sprechen.

**RUKELI:** *(schaut ihm gerade in die Augen)* Mach mit mir, was du willst, Wolf, aber ich boxe nicht für dich.

*Heinz ist verblüfft, schaut Wolf fragend an, hebt den Ochsenziemer.*

**WOLF:** *(winkt ab)* Lass es gut sein, Wachtmeister. Wir müssen Geduld mit ihm haben. – Du wirst für eine Weile arbeiten, 9841, bis du dich anders besonnen hast. Hier in Neuengamme war ein altes Ziegelwerk, weißt du. Rundherum 50 Hektar reinster Ton. Die Firma ging 32 pleite, zuwenig Bedarf. Wir – die SS – haben das Ziegelwerk wieder in Betrieb gesetzt und ausgebaut. Und einen sehr lukrativen Vertrag mit der Stadt Hamburg geschlossen. Für alle Neubauten –

und es wird viele geben, weil der Führer Hamburg zu einem Schmuckstück machen will – liefern wir unsere erstklassige Klinkerware. Viel günstiger als ein privater Betrieb, wie du dir vorstellen kannst, wir zahlen ja keine Löhne. – Soviel ich weiß, hast du noch nie in deinem Leben wirklich gearbeitet, jetzt wirst du das nachholen – in der Lehmgrube. Du darfst gehen.

*Rukeli wendet sich ab, geht, Heinz salutiert, folgt ihm.*

**WOLF:** Rukeli!

*Rukeli dreht sich um.*

**WOLF:** Ich hasse dich nicht. Obwohl du mich zum Narren gemacht hast. Es ist mir wirklich ein Anliegen.

**RUKELI:** Für dich boxe ich nicht.

*Geht. Heinz folgt ihm eilig, hebt den Ochsenziemer zum Zuschlagen, tut es dann aber doch nicht. Rukeli kommt wieder zurück.*

**RUKELI:** Was ich dich noch fragen wollte, du aufrechter Deutscher: Warum bist du eigentlich nicht an der Front?

*Heinz erschrickt über soviel Frechheit, prügelt Rukeli hinaus.*

*Dunkel. Musik.*

**11.**

*Lehmgrube.*
*Rukeli (schon mit Lehm verschmiert) gräbt mit Schau-*
*fel Lehm ab, gibt ihn in eine Schubkarre, führt ihn weg,*
*kommt mit der leeren Karre zurück, beginnt von Neuem.*
*Es ist nasser, schwerer Lehm, das Grundwasser steht*
*hoch. Eine zweite Schubkarre steht an der Seite.*
*Heinz steht als Aufseher rauchend oben am Rand der*
*Grube. Rukeli würdigt Heinz keines Blickes. Dieser hält*
*es nach einer Weile nicht mehr aus.*

**HEINZ:** Ich kann nichts dafür! Nichts!
*Rukeli antwortet nicht.*
**HEINZ:** Er hat mich genauso angefordert wie dich!
  Zu wenig Wachpersonal, man braucht die Leute im
  Krieg. Das war die Begründung. Aber in Wahrheit bin
  ich hier, weil ich euch geholfen habe! Euch Zigeunern! Begreifst du das nicht? Mein Chef hat mich oft
  genug verwarnt. – Das ist eine Strafversetzung! – *Ich*
  hab einen Grund, wütend zu sein, nicht du!
Ich bin echt sauer auf euch! Das hab ich davon! Nur
  weil der Wanzo Weiss mich süchtig gemacht hat, mit
  diesem Scheiß-Kartenspiel!
*Rukeli antwortet nicht, schuftet.*
**HEINZ:** Glaubst du, ich verpass dir freiwillig Prügel?
  Weißt du, was der Wolf zu mir gesagt hat? „Wenn du
  den Trollmann schonst", hat er gesagt, „dann hast
  du schneller eine Häftlingsnummer als du schauen
  kannst!" Ich bin doch nicht blöd! Ein deutscher Polizist mit Ariernachweis als KZ-Häftling! Wo gibt's
  denn sowas? *(Schaut außerhalb des Sichtfeldes des*
  *Publikums.)* He, du, mach weiter, sonst spürst du

meine Knute! – Hast du nicht gehört? Ich schlag dich zum Krüppel, du kommunistisches Arschloch! *(Heinz setzt sich, zündet sich eine Zigarette an.)* Da müh ich mich ab, mit denen ein schönes Deutsch zu sprechen, hilft aber nichts. – Holländer, Belgier, Franzosen, Russen – die verstehen mich ja nicht. Ich muss mit den Leuten reden können, sonst geht's mir nicht gut. – Bin ich froh, dass du da bist, Rukeli! – Sag mir, warum willst du nicht boxen, ich versteh das nicht! Dann befreit er dich von der Arbeit. Es ist wirklich ein Ausweg! Wie ich dir gesagt hab.

*Stabeli (auch geschoren, Nummer 9840) kommt mit einer Schaufel, steigt in die Grube. Rukeli sieht ihn, umarmt ihn.*

**RUKELI:** Stabeli! Bruderherz! Ich hab schon befürchtet, du lebst nicht mehr.

*Stabeli ist verzweifelt.*

**RUKELI:** *(schaut ihn an)* Wir sind zusammen. He, wir sind zusammen!

*Neben Heinz erscheint Wolf.*

**WOLF:** Wachtmeister, hab ich recht gehört? Reden da zwei Häftlinge miteinander?

*Heinz springt auf. Wolf schaut ihn ruhig an. Stabeli erkennt Wolf, starrt ihn fassungslos an. Heinz schaut in den Graben, steigt vorsichtig hinein, er rutscht aus und fällt hin, rappelt sich auf, schlägt mit dem Ochsenziemer auf Rukeli und Stabeli ein.*

**HEINZ:** Maul halten! Maul halten! Verstanden?!

**WOLF:** 9841.

*Rukeli richtet sich auf, legt die Hände an die Hosennaht, schaut vor sich hin.*

**WOLF:** Ich sag dir, warum ich hier Lagerkommandant bin, statt an der Front zu kämpfen.

Ich hab mich dazu gemeldet, als einer, der sich mit Ziegeln bestens auskennt. – Ich bin hier in Neuengamme geboren, Trollmann. – In dieser Lehmgrube, in der du jetzt stehst, ist mein Vater zugrunde gegangen. Zwanzig Jahre lang hat er da geschuftet, für miserablen Lohn. Mit vierzehn hab ich auch hier angefangen. Hab zuschauen müssen, wie er immer weniger wurde. Ausgesteuert dann, als er zu schwach war, keine Arbeitslose, nichts. – Was mich betrifft, ich hab mich aus der Lehmgrube regelrecht herausgeboxt. Wenn ich den Ludwig Haymann nicht gehabt hätte, der mir bei der SA das Boxen beibrachte, wär ich auch hier zugrunde gegangen. Jetzt bin ich der Chef. (*Schaut zu Stabeli.*) Dein Bruder ist von eher zarter Konstitution, scheint mir. Was glaubst du, wie lange er das durchhält? Mit einem Stück Brot und etwas Steckrübensuppe?

*Wolf geht weg.*

**HEINZ:** Los, weiter arbeiten! (*Klettert aus dem Graben, rutscht zuerst zurück.*) Scheiße! Ich glaubs nicht!

*Stabeli nimmt die zweite Schubkarre, stellt sie sich hin, beide arbeiten.*

**STABELI:** (*flüstert zu Rukeli*) Das ist der Wolf!

*Rukeli nickt.*

**STABELI:** Damit sind wir tot. Tot!

**HEINZ:** Schau dir das an, Rukeli! Meine ganze Uniform ist versaut! Wenn ich noch einmal zu dir runter muss, schlag ich dir den Schädel ein!

*Licht weg, es kommt dann wieder. Anderer Tag.*

*Rukeli und Stabeli arbeiten in der Grube. Stabeli ist schon sehr schwach, sinkt mit der Schubkarre nieder. Rukeli zieht ihn beiseite, lehnt ihn an den Rand der Grube, fährt mit der Schubkarre weg. Oben sitzt Heinz, die Uniform voller Lehm. Er reagiert nicht auf das, was Rukeli macht, schaut ihm gleichgültig nach.*

*Licht weg, es kommt wieder. Anderer Tag.*

*Rukeli und Stabeli arbeiten. Stabeli sinkt eben am Schau-*
*felstiel zu einem ohnmächtigen Häufchen Elend zusam-*
*men. Rukeli schaut auf ihn, kniet sich zu ihm, nimmt*
*ihn in die Arme.*

**RUKELI:** *(zu Heinz)* Sag ihm, ich kämpfe.

**HEINZ:** *(steht auf)* Na, endlich! War das notwendig?
*(Deutet auf Stabeli.)* Sturschädel! *(Geht weg.)*

**RUKELI:** *(zu Stabeli)* Verzeih mir, Bruder.

*Dunkel. Musik.*

## 12.
## DER 3. KAMPF


*Im Boxring stehend trägt Heinz aus der Operette „Grä-*
*fin Mariza" von Emmerich Kalman das Lied „Komm,*
*Zigany" vor. (Orchester und vielleicht auch Stimme vom*
*Band.) Irgendwo sitzt verdreckt Stabeli.*


**HEINZ:** *(singt)* Auch ich war einst ein feiner Csárdás-
kavalier, hab' kommandiert Zigeuner, g'rade so wie
ihr! Hab' mir die süßen Geigen singen lassen, die
Dukaten springen lassen, g'rade so wie ihr! Ihr müsst
nicht gar so stolz drin sitzen heut beim Wein! Wer
weiß, vielleicht wird's morgen anders wieder sein,
vielleicht spielt morgen ganz genau dasselbe Liedel
die Zigeunerfiedel anderswo zum Wein.
Komm, Zigány, spiel mir ins Ohr, komm Zigány, zeig
heut, was du kannst. Oh komm,
oh komm, Zigány, spiel mir was vor, spiel, bis mein
Herz vor Freude tanzt. Ich geb dir alles, was du willst,
wenn du nur schön spielst, wenn du meine Freuden,
meine Schmerzen mit mir fühlst! Jaj, jaj, jaj!
Komm, Zigány, spiel mir was vor, komm Zigány, spiel
mir was ins Ohr! Auch ich war einst ein reicher Rei-
teroffizier, hab' durchgetanzt die Nächte, g'rade so
wie ihr! Hab' mich ganz untertänigst grüßen lassen,
den Champagner fließen lassen, g'rade so wie ihr!
Wie oft hab' ich den süßen Klängen schon gelauscht!
Dass ich vor Glück mit keinem König hätt' getauscht,
wenn ihr gespielt habt, bis die Saiten sprangen, war
mein armes Herz gefangen selig und berauscht.
Komm Zigány, spiel mir ins Ohr, *usw.*

*Applaus von vielen, Heinz verbeugt sich, steigt durch die
Seile aus dem Ring, nimmt irgendwo Platz. Wolf kommt
in den Ring.*

**WOLF:** Danke, Wachtmeister, das war erhebend, das ging
ins Herz. – Werte Kameraden von der SS, Blockälteste,
Kapos, Häftlinge, damit haben wir den ersten Teil
unseres bunten Abends würdig abgeschlossen. Nun
aber kommen wir zum gespannt erwarteten Höhe-
punkt. Unter uns befinden sich heute hohe SS-Offi-
ziere auch aus anderen Lagern, ich begrüße sie sehr
herzlich. Warum sind sie hier? Weil sie sehen wollen,
was man draußen nicht sehen kann. Nämlich einen
Boxkampf, wie es ihn wahrscheinlich noch nie gegeben hat. Ich begrüße den Herausforderer, viele von
euch kennen ihn, den ehemaligen deutschen Meister
im Halbschwergewicht, Johann „Rukeli" Trollmann,
von seinen Anhängern „Troll" genannt! Hier ist er!

*Rukeli steigt durch die Seile herein. Er ist barfuß, lehm-
verschmiert von der Arbeit, trägt keine Boxerhose, sondern seine Unterhose, Boxhandschuhe. Wolf deutet auf
ihn, Applaus, aber nicht von den Häftlingen.*

**RUKELI:** *(ohne Wolf anzuschauen)* Darf ich den Herrn
Obersturmbannführer etwas fragen?

**WOLF:** Heute darfst du mir sogar in die Augen schauen.

**RUKELI:** Warum durfte ich mich nicht waschen?

**WOLF:** Wir müssen Wasser sparen, das weißt du.
Außerdem erinnerst du mich so an deinen letzten
Kampf mit mir. Aber blonde Perücke brauchst du
heute keine, oder?

**RUKELI:** Warum bekomm ich kein ordentliches Boxzeug?

**WOLF:** Rukeli! Alles Teil der Erziehungsmaßnahmen.
Du warst immer zu eitel im Ring.

*Rukeli schaut ihn an, stellt sich in eine Ecke, lehnt sich
an die Seile.*

**WOLF:** Meine Herren, ich habe in Auschwitz einen würdigen Gegner für Johann Trollmann gefunden. Es handelt sich um den italienischen, zu seinem Pech in Paris verhafteten Juden Francesco Buonagurio, bekannt unter seinem Spitznamen „Kid Francis". 1925 französischer Bantamgewichtsmeister, berühmt geworden in ganz Amerika durch seinen grandiosen Schaukampf gegen Fidel LaBarba, 1931 im New Yorker Madison Square Garden. Und hier ist er: „Kid Francis"!

*Kid (in perfekter Boxausstattung) steigt in den Ring, Applaus, aber nicht von den Häftlingen, Kid hebt mit steinernem Gesicht die Arme hoch.*

*Wolf winkt Rukeli, dieser kommt zu ihm.*

**WOLF:** Kid hat schon oft gekämpft in Auschwitz, er kennt sich aus. Hast **du** noch irgendwelche Fragen?

**RUKELI:** Wie viele Runden?

**WOLF:** Keine. Es wird gekämpft, bis einer nicht mehr aufsteht. Es gibt nur eine Regel: Wer verliert, stirbt. In deinem Fall gäbe es zwei Tote. Dich und deinen Bruder. Viel Glück.

*(Wolf steigt aus dem Ring, setzt sich.)* Fangt an!

*Rukeli und Kid wenden sich einander zu, schauen sich lange an.*

**WOLF:** Los!

*Rukeli und Kid berühren gegenseitig ihre Fäuste, treten zurück. Kid greift als erster an. Es ist ein wilder Kampf. Er läuft ab, wie Stabeli ihn beschreibt. Wir hören keine Reaktion von den (imaginären) Zuschauern.*

**STABELI:** *(tritt vor)* Es ist ein wilder, brutaler Kampf. Stumm und verbissen. Jeder will den anderen so schnell wie möglich zu Boden schicken, jeder kämpft um sein Leben. *(Schreit:)* Rukeli, mach ihn fertig! – Es geht auch um mein Leben. Ich habe die Gadsche von Kindheit an mit meiner Musik erfreut. Manchmal haben sie auch geweint, wenn ich mit meiner Geige auf ihre Tränendrüsen drückte. Und jetzt bringen sie mich um. Ich hab das nicht verdient! *(Schreit:)* Schlag ihm den Schädel ein! – Rukeli tanzt nicht mehr. Der Spaß ist vorbei. Aber er ist trotzdem schneller als Kid Francis, nie von dem gehört. – Nein! Er hat ihn erwischt! *(Schreit:)* Rukeli, steh auf! Steh auf, steh verdammt noch mal auf! – Feige Sau! Rukeli ist noch auf den Knien, und schon prügelt der wieder auf ihn ein! – Keine Regeln, Rukeli! Merk dir das endlich! – Oh, wie die sich schlagen! – Ja! – Jetzt hat er den Kid endlich umgehauen! – Steht schon wieder auf. – Schlag zu, Rukeli, warte nicht, bis er steht! – Das hast du davon! – Pass auf deine Augenbrauen auf! Du weißt, wie leicht die platzen! – Aber jetzt, aber jetzt! – Rukeli macht ihn fertig, jetzt macht er ihn endlich so richtig fertig! Solarplexus, links rechts, links rechts, Uppercut – Er liegt! Er liegt! Rührt sich nicht! Over and out! Bravo, Rukeli!

*Rukeli schaut zu Wolf. Dieser kommt in den Ring, kniet sich zu Kid, schaut ihn an, öffnet ihm ein Augenlid, steht auf, winkt Heinz und Stabeli herbei, sie steigen in den Ring, Wolf deutet auf den Ohnmächtigen und zeigt hinaus, Heinz und Stabeli schleppen Kid weg.*

**WOLF:** Sieger des heutigen Kampfes durch K. o.: Johann Rukeli Trollmann!

*Wolf nimmt den Arm von Rukeli, hält ihn hoch, Applaus der Wächter und Offiziere. Es wird still. Wolf lässt den Arm von Rukeli los. Zwei Schüsse krachen von draußen. Rukeli zuckt zusammen und hält die Hände fahrig vors Gesicht, so als würde auf ihn geschossen. Wolf lacht, klopft ihm auf die Schulter.*

*Dunkel. Musik.*

## 13.

*Lehmgrube.*
*Rukeli (Schuhe an, weil er sonst den Lehm nicht abste-*
*chen könnte; sonst aber nur in der Unterhose wie im*
*Boxring) und Stabeli arbeiten wieder in der Lehmgrube.*
*Heinz sitzt rauchend oben am Rande der Grube.*

**HEINZ:** Ich war wirklich fertig, Rukeli. Bombardie-
ren die mein Häuschen in Hannover! Diese alliier-
ten Schweinehunde. – War nicht mal die Hypothek
abbezahlt. – Und dann kommst du, und rettest mich.
Alles, was ich hatte, hab ich auf dich gesetzt, Rukeli. –
Bilden die Auschwitzer sich ein, ein Kid Francis sei
besser als du! Wo leben die? – Mann, Rukeli, hab ich
abgeräumt! Mit dem Geld kauf ich mir nach dem
Krieg ein neues Haus. Leg ich ihnen bar auf den
Tisch. Werd ich dir nie vergessen.
*Rukeli ignoriert Heinz. Stabeli sinkt wieder zusammen.*
**STABELI:** Warum tust du mir das an, Rukeli?
**RUKELI:** Tut mir leid, ich kann nicht anders. – Halt
durch, Stabeli, es dauert nicht mehr lange. Bald kom-
men die Engländer. Sie stehen schon am Rhein.
**STABELI:** Das erleb ich nicht mehr. Das erleben wir alle
nicht mehr. Die bringen uns doch alle um, damit wir
nichts erzählen können.
*Bombenflugzeuge sind in großer Höhe zu hören. Sie*
*nähern sich.*
**STABELI:** Hier! Hier sind wir! Hier müsst ihr eure Bom-
ben abwerfen! Auf die Hölle!
*Die Bomber entfernen sich, Stabeli sinkt wieder zusam-*
*men. Dann Explosionen.*

**Heinz:** Das ist Hamburg. Jetzt ist Hamburg dran. Alles bricht zusammen. Und der Wolf dreht immer mehr durch. Sogar seine eigenen Leute fürchten sich schon vor ihm. *(Schaut vorsichtig zurück; flüstert zu Rukeli:)* Weißt du, was der gemacht hat? Aus dem Frauenlager im Hamburger Freihafen hat er sich eine Geliebte geholt, eine ungarische Jüdin, und hat sie bei sich in der Kommandantur einquartiert. Als sie dann schwanger wurde, bekam er es mit der Angst zu tun – du weißt schon, Rassenschande und so – und er hat seine Geliebte in eine Stehzelle sperren lassen, wo er sie verhungern ließ. Kannst du dir das vorstellen?

*Heinz sieht Wolf kommen.*

**Heinz:** *(flüstert)* Arbeiten, Stabeli! Der Wolf!

*Stabeli arbeitet weiter. Wolf kommt, sieht Rukeli und Stabeli arbeiten, schaut Heinz an.*

**Wolf:** Was soll das, Wachtmeister? Was tun die beiden hier? Sie arbeiten in der Gärtnerei. Wer hat das hier angeordnet?

**Heinz:** *(verwirrt)* Ich dachte, Sie, Herr Obersturmbannführer.

**Wolf:** Ich doch nicht! Er kann doch nicht kämpfen, wenn er sich hier abschuftet!

**Rukeli:** Wir sind freiwillig hier, Wolf.

**Stabeli:** Ich nicht.

**Wolf:** Was sagst du da? Freiwillig?

**Heinz:** Du bist ja wohl nicht mehr richtig im Kopf! – Zu viele Kämpfe, Herr Obersturmbannführer! Da wird man blöd im Schädel.

**Wolf:** Was ist los, Rukeli?

**Rukeli:** *(arbeitet immer weiter)* Ich kämpfe nicht mehr.

**Wolf:** Hör zu, Rukeli. Du hast dich grandios geschlagen. Du hast dir deine Mätzchen abgewöhnt. Jetzt bist du wirklich ein guter Boxer. Das wollte ich erreichen.

**Rukeli:** Dann lass mich jetzt in Ruhe.

**Wolf:** Sechs Profis aus ganz Europa hast du besiegt – Olympiasieger, Staatsmeister. Zwei stehen noch auf meiner Liste, dann ist Schluss, Rukeli. *(Schaut auf Zettel.)* Leone „Lelletto" Efrati. Hat 1938 in Amerika gegen den Weltmeister Leo Rodak geboxt und nur knapp nach Punkten verloren. Als Feind nach Italien abgeschoben, nachdem Mussolini sich an die Seite unseres Führers stellte. So ist er uns dann in Rom ins Netz gegangen. – Der zweite ist noch viel berühmter. Victor „Young" Perez, tunesischer Jude. Er hat 1931 in Paris Frankie Genaro besiegt und wurde Weltmeister. Bei seiner Rückkehr nach Tunis haben 100.000 begeisterte Anhänger die Straßen gesäumt und gejubelt. Sind das würdige Gegner oder nicht?

*Rukeli beachtet Wolf nicht.*

**Wolf:** Ich schenke dir das Leben, Rukeli. Nur noch diese zwei.

**Rukeli:** *(schaut Wolf an)* Sechs Tote hast du schon. Das reicht. Mehr kriegst du nicht.

*Wolf zieht seine Pistole und erschießt Stabeli, dieser stürzt nieder.*

**Wolf:** Ich kriege so viele Tote, wie ich will, Rukeli.

*Heinz ist entsetzt. Rukeli knickt ein, kriecht zu Stabeli, zieht ihn hoch und an sich, birgt seinen Kopf an der Brust.*

**Wolf:** Ab jetzt verlässt du die Grube nicht mehr. Du schläfst auch hier. Du bekommst nichts zu essen und nichts zu trinken. Bis du es dir anders überlegt hast.

*Rukeli schreit auf, kriecht die Grubenwand hinauf, rutscht zurück, schnellt sich hoch, bekommt die Stiefel von Wolf zu fassen, will sich an ihnen hinaufziehen. Wolf richtet die Pistole auf Rukelis Kopf, Heinz sieht das, kniet sich hin und prügelt mit seinem Ochsenziemer auf Hände und Kopf von Rukeli ein, dieser lässt los und stürzt in die Grube zurück.*

*Dunkel. Musik.*

**14.**

*Lehmgrube. Nacht.*
*Stabeli ist weg. Rukeli ganz allein. Er sitzt an der Gruben-*
*wand, den Rücken angelehnt, starrt vor sich hin. Er befin-*
*det sich in einem Alptraumzustand.*
*Doktor Ritter kommt (weißer Mantel über dem Anzug),*
*schaut auf Rukeli hinunter. Rukeli spürt nach einer Weile*
*Ritters Anwesenheit, reckt den Kopf zu ihm hoch, starrt*
*dann wieder vor sich hin.*

**RUKELI:** Du bist nicht da.

**RITTER:** Doch, ich bin da, Rukeli. Und immer noch
fleißig für die Rassenhygiene tätig, zum Schutz des
deutschen Blutes. – Man würdigt meine Arbeit, ich
hab deshalb Zutritt zu allen Lagern. Ich kann mir
aussuchen, wen ich will.

**RUKELI:** Ich bin schon ausgesucht.

**RITTER:** Ich weiß. Ich kenne deinen Mentor. Vielleicht
lässt er mit sich reden. – Ich hab übrigens ein neues
Instrument entwickelt, Rukeli. Das führt man durch
den Darm in die Bauchhöhle ein. Muss man nicht
unbedingt schneiden. Vielleicht kann ich das neue
Instrument an dir ausprobieren. Denn möglicher-
weise ist bei meinem ersten Eingriff etwas schief-
gelaufen und du bist noch nicht gänzlich unfrucht-
bar. War etwas nervös. – Bis dann, Rukeli. *(Geht weg,*
*kommt wieder zurück.)* Noch was wollte ich dir erzählen, interessiert dich bestimmt: Unter den Zigeuner-
bastarden gibt es welche, die haben vollkommen das
deutsche Blut in sich aufgenommen, scheinbar. Sie
sind hellhäutig, blond und blauäugig. Deshalb schwer
aufzufinden und zu fassen. Außerdem ist es ein paar

Zigeunern gelungen, ihre blonden Bastarde rein deut-
schen Nachbarn anzudrehen, die sie als ihre eigenen
Kinder ausgeben, um sie vor mir zu verstecken. –
Ich hab sie alle gefunden. Und ihr Blut untersucht.
Es ist Zigeunerblut. Solche Chamäleons seid ihr. –
Deine Tochter Rita ist aber kein Chamäleon. Sie ist
ganz dir nachgeraten. *(Geht weg.)*

**RUKELI:** *(dreht sich um)* Rita! Was ist mit ihr? – Was
ist mit ihr? Bitte!

*Ritter ist schon verschwunden.*

**RUKELI:** *(sinkt zusammen)* Nicht meine Rita umbringen, nicht meine Rita umbringen!

*Eine Weile Stille.*

**MÄDCHENSTIMME:** *(flüstert)* Hört mich jemand? Lebt
da noch jemand?

**RUKELI:** Rita? Bist du das?

**MÄDCHENSTIMME:** Nein, Rukeli, ich bin nicht Rita.

**RUKELI:** Bist du das Mädchen im Wald, das meine Hilfe
gesucht hat?

**MÄDCHENSTIMME:** Nein, Rukeli, ich bin nicht das
Mädchen im Wald. Ich bin Ceija, von den Lowara, ich
bin zehn Jahre alt. Ich spreche mit den Toten. Mit den
vielen, so vielen Toten, die im Lager herumliegen, die
meisten in Haufen, manche aber ganz für sich allein.
Die Häftlinge haben sie aufgeschlitzt, die Innereien
herausgerissen und mit Heißhunger verschlungen.
Meine Leute haben nicht von den Leichen gegessen.
Mamale hat gesagt: „Wer Menschenfleisch isst, wird
ein Mulo, ein Untoter. Sein Fleisch ist kalt und seine
Augen sind grau. Tagsüber schläft er unter der Erde,
in der Nacht aber schleicht er umher und sucht sich
seine Beute." – „Wir finden schon etwas, um unseren
Hunger zu stillen", sagt Mamale." – Unter morschen
Brettern haben wir grünes Gras gefunden, hellgrün,

milchig, wunderbar; wie Zucker haben wir das gegessen. Und ein Baum ist da, am Rand der Lagerstraße, ein Bäumchen, nicht größer als du, Rukeli. Das Bäumchen hat mitten im Stamm einen Spalt. Und da kam Harz heraus, eine Handvoll Harz – rostbraun, gelb, durchscheinend wie Bernstein. „Das ist Leben, Kinder", sagte Mamale, „das esst ihr jetzt, es wird euch stark machen." – Und wenn es regnet, rühren wir eine Handvoll Erde in unserer Hand, bis sie speckig ist, das essen wir auch. Regen rettet uns vor dem Verdursten. Also recken wir unsere offenen Münder zum Himmel und fangen die Tropfen auf. Dann spreche ich wieder mit den Toten. Sie sind sehr gut zu mir. In der Baracke ist es furchtbar kalt. Es gibt hier keine Bettverschläge, das Dach ist eingefallen, durch die Spalten bläst der eiskalte Wind herein, aus dem kaputten Bretterboden ragen lange, rostige Nägel. Und all das Ungeziefer, die Wanzen und Läuse, und die Ratten. – Sagt die tote, ausgehöhlte Frau zu mir: „Komm herein, Ceija, ich wärme dich." Also schlüpfe ich in die leere tote Frau hinein. Dort ist es windstill und warm. In die Kinder kann man nicht hineinschlüpfen, sie sind zu klein. Mit den Kindern spreche ich besonders gern, aber am liebsten natürlich mit meinen toten Geschwistern. Ich erzähle ihnen lustige Geschichten und tröste sie, dass sie so früh sterben mussten. Mit meinem Bruder rede ich und sage ihm, was mich die Großmutter gelehrt hat: „Ich behalte ein Haar aus der Mähne deines Pferdes, mein Bruder, und werde drei Knoten hineinknüpfen. Ich werde die Spitzen wegbrennen, dass nur noch die drei Knoten bleiben. Drei leuchtende Sonnen, wie meine warmen Hände in deiner, die kalt ist, so kalt." – Jetzt kann ich nicht mehr mit den Toten sprechen und in sie hineinkriechen. Wir mussten eine riesige Grube graben. Dort werden die Toten hineingeworfen. Sie schicken mich in die Grube, ich muss die Toten in Reihen schlichten, damit mehr hineinpassen. Am frühen Morgen ist Frost und die Leichen sind gefroren, da geht es leichter. Gegen Mittag tauen sie aber auf und werden matschig. Ich sinke ein und stehe bis zum Bauch im Matsch der Toten. Ich hab ein Kleidchen an, damit ich süß aussehe und sie mich nicht umbringen; das hat mir Mamale geschneidert. Aber ich bin barfuß und meine Beine sind nackt. Wenn ich abrutsche, kratze ich mir an den Zähnen, an den Finger- und Zehennägeln der Toten die Beine auf. – Über jede Schicht von Toten muss ich ungelöschten Kalk schütten. Der Kalk verätzt meine Wunden, es tut sehr weh. Ich habe keine Haut mehr an den Beinen, sie bestehen nur noch aus offenen, geschwollenen Wunden, voller Eiter. Dann ist auf einmal niemand mehr da. Darum rufe ich. Ist da noch jemand? Lebt da noch jemand?

**RUKELI:** Ich lebe noch.

**MÄDCHENSTIMME:** Ich lebe auch noch, Rukeli. Auf einmal bricht ein riesiges Ungeheuer durch das geschlossene Tor herein; das Holz, die Eisenteile fliegen durch die Luft. Ganz schrecklich brüllt das Ungeheuer, kaum einen Meter vor mir bleibt es mit einem Ruck stehen. Ich bin vor Angst ganz zu Stein geworden. Soldaten steigen aus dem Ungeheuer. Sie sprechen mich in einer fremden Sprache an. Einer gibt mir ein Stück Schokolade und streichelt meine Wange. Über sein lächelndes Gesicht fließen dicke Tränen. Ich bin gerettet.

**RUKELI:** Das freut mich. Das freut mich sehr, kleine Ceija.

**MÄDCHENSTIMME:** Ich behalte ein Haar aus der Mähne deines Pferdes, Rukeli. Ich werde dich nie vergessen. Niemand aus unserem Volk wird dich vergessen.

**RUKELI:** Und Rita? Was ist aus meiner Rita geworden?

**MÄDCHENSTIMME:** Rita lebt.

**RUKELI:** Sagst du mir die Wahrheit? Manchmal lügen die Toten.

**MÄDCHENSTIMME:** Ich bin nicht tot, du musst mir schon zuhören. *(Romanes:)* Leb wohl, Bäumchen. Ich bin sehr stolz auf dich.

*Wolf kommt.*

**WOLF:** *(schaut zurück)* Bald fliegt der Schlot auseinander. Das hält der nicht mehr lange durch, er hat schon Risse. – *(Wendet sich wieder zu Rukeli.)* Letzten Oktober waren wir Lagerkommandanten bei Himmler. Er hat uns wieder aufgerichtet. „Ihr wisst alle, was es heißt, wenn hundert Leichen daliegen, wenn fünfhundert daliegen oder wenn es tausend sind. Dies durchgehalten zu haben, und dabei anständig geblieben zu sein, das hat uns hart gemacht. Dies ist ein niemals geschriebenes und niemals zu schreibendes Ruhmesblatt unserer Geschichte." Hat er gesagt. – Ein ehrlicher Boxkampf ist mir allerdings lieber. – Schlechte Nachricht, Rukeli. Die Russen sind in Auschwitz. Damit fallen die zwei Boxkämpfe aus.

*Rukeli hört ihn nicht, starrt geradeaus.*

**WOLF:** Die gute Nachricht: Du bekommst trotzdem einen würdigen Gegner.

*Rukeli reagiert nicht.*

**WOLF:** He, 9841! Aufwachen! *(Zieht die Pistole, schießt in die Luft.)*

*Rukeli steht langsam auf, schwankt, wendet sich Wolf zu.*

**WOLF:** Willst du nicht wissen, wer dein Gegner ist?

*Rukeli antwortet nicht.*

**Wolf:** Der amtierende Meister im deutschen Halb-schwergewicht. Reinhard Wolf. – Johann Trollmann gegen Reinhard Wolf. Würde dir das gefallen?

**Rukeli:** Ja, das würde mir gefallen.

**Wolf:** Mir auch. Mir wirklich auch. Das wollte ich immer, Rukeli, den Endkampf zwischen uns beiden. Die letzte Unterrichtsstunde für dich. Allerdings kommt jetzt noch etwas anderes hinzu. Siehst du das Haus da drüben, außerhalb des Stacheldraht-zauns, am Waldrand? Im Schlafzimmer brennt Licht.

*Rukeli schaut hin.*

**Wolf:** Diese kleine Villa hab ich mir von Häftlingen da hinbauen lassen. Damit die Familie bei mir sein kann. Obwohl meine Frau nicht gerade begeistert davon war. In den ersten Monaten musste sie sich ständig übergeben. Der schwarze, ölige Rauch aus dem Krematorium ekelt sie an. – Sie tröstet sich mit ihrem Rosengarten, den siehst du jetzt im Dun-keln nicht. Ein besonders schöner Rosengarten; alte französische Sorten. Erdbeeren baut sie keine mehr an, behauptet, sie schmecken nach Leichen. Auch die Stiefel putzt sie mir nicht mehr, aus demselben Grund. – Ah, jetzt erscheint sie am Schlafzimmer-fenster, *(reckt den Kopf vor)*, in einem ziemlich durch-sichtigen Nachthemd, siehst du sie? – Magda. Eine schöne Frau, stolz, deutsch. Sie hat mir zwei präch-tige Kinder geschenkt. Siegfried ist zwölf, ich bring ihm gerade das Boxen bei, reagiert noch etwas wei-nerlich. Gudrun ist gerade mal zehn, sie schaut so süß aus, in ihrem bayerischen Dirndl. – Meine Kin-der haben mich immer bewundert und respektiert. Allerdings gibt es jetzt jemanden, den sie noch mehr bewundern. Das bist du, Rukeli. Sie waren bei den Boxkämpfen. Haben sich heimlich eingeschlichen.

– Was meine Frau anbetrifft, die hat dich schon in Berlin angeschmachtet, bei unserem Meisterschaftskampf. Sie hat am lautesten von all den hysterischen Frauen geschrien, dass *du* der Sieger des Kampfes bist, und der wahre deutsche Meister. Jetzt werden sie alle drei Zeugen unseres Endkampfes sein. – Ich muss mir den Respekt meiner Familie zurückgewinnen. Das verstehst du doch, Rukeli, oder?

**RUKELI:** Das versteh ich.

**WOLF:** Jetzt komm, du musst erst wieder aufgepäppelt werden. In der Lagerküche wartet eine heiße Suppe auf dich. Und frisches Brot, kam gerade aus dem Ofen, duftet wunderbar. Es soll dir an nichts fehlen.

*Er reicht Rukeli die Hand, zieht ihn hinauf.*

*Dunkel. Musik.*

**15.**
**DER 4. KAMPF**

*Der Boxring.*
*Dr. Ritter kommt, setzt sich in die erste Reihe.*
*Wolf (in perfektem Boxer-Outfit, die zwei SS-Runen an*
*seiner Hose) und Rukeli (wie gehabt, barfuß) steigen in*
*den Ring, Heinz hält ihnen das Seil auf, setzt sich dann*
*irgendwo hin.*

**WOLF:** *(zum Publikum)* Das ist der letzte Kampf.
Bald wird das Lager geräumt. Die Engländer und
Amerikaner sind nicht mehr weit. Und die Russen
nähern sich bereits der Oder. Deutschland wird siegen oder untergehen, hat es geheißen. Jeder von
uns beiden hier wird nun ebenfalls siegen oder
untergehen. Ich hoffe, ihr wisst das zu würdigen.
Hier kämpfen zwei deutsche Meister, zwei eben-
bürtige Gegner.

**RUKELI:** Dieselben Bedingungen?

**WOLF:** Dieselben Bedingungen.

**RUKELI:** Der Verlierer stirbt.

**WOLF:** Der Verlierer stirbt.

**RITTER:** *(steht auf)* Rukeli!

*Rukeli wendet sich ihm zu. Erkennt ihn noch nicht, weil*
*er vom Licht geblendet ist und Ritter im Halbdunkel*
*steht. Rukeli legt seine Hand über die Augen, schaut.*

**RITTER:** Ich bins – Doktor Ritter! Muss doch dabei
sein bei deinem letzten Kampf! Deutsches Blut gegen
Zigeunerblut – schaun wir mal.

*Rukeli starrt ihn an.*

**RITTER:** Nur damit du in die richtige Stimmung
kommst: Ich hab dein Kind.

*Rukeli starrt ihn an, will zu ihm, will ihn umbringen.*
*Wolf hält ihn gewaltsam zurück.*

**WOLF:** Nein, Rukeli! Nein! Unser Kampf ist wichtiger! – Halten Sie den Mund, Ritter. Sonst fliegen Sie hier raus!

*Wolf nimmt Boxhaltung ein, Rukeli starrt noch zu Ritter, schaut dann zu Wolf, nimmt ebenfalls Kampfhaltung an. Sie umkreisen sich langsam, belauern sich gegenseitig. Dann geht es los. Der Kampf soll nicht zu lange dauern, aber auch nicht zu kurz. Es ist ein sehr brutaler Kampf, der brutalste des Stückes, denn es geht nicht nur ums Überleben, sondern bei Rukeli um Rache, bei Wolf um „die Ehre". Das Publikum schreit nicht, es ist ganz ruhig. Auch die Boxer wechseln kein einziges Wort. Nach einer Weile beginnt Rukeli wieder zu tanzen. Wolf nimmt das ehrlich enttäuscht zur Kenntnis, kämpft noch mehr mit kalter Wut. Mehrmals liegt Wolf, mehrmals liegt Rukeli. Beide bluten im Gesicht. Aber am Ende ist Wolf zu sehr außer Atem, weil ihm Rukeli ständig davontanzt, ihn umkreist, ihn verwirrt. Und dann startet Rukeli einen Schlaghagel, der schließlich Wolf ohnmächtig zu Boden gehen lässt. Er steht nicht mehr auf. Rukeli schaut auf ihn hinunter, wendet sich dem Publikum zu, hebt die Arme hoch. Stille. Dann ein einziger, gellender, triumphierender Aufschrei der zusehenden Häftlinge.*

**RUKELI:** *(zur Seite, wo SS-Wachen zu vermuten sind)* Was ist jetzt? Dieselben Bedingungen, hat es geheißen. Der Verlierer stirbt.

*Keine Reaktion. Rukeli spuckt auf Wolf hinunter, verlässt den Ring.*
*Heinz kommt zu ihm, klopft ihm auf die Schulter, macht ihm die Handschuhe auf.*

*Dunkel. Musik.*

**16.**

*Lehmgrube. Nacht.*
*Rukeli (noch mit Blutspuren im Gesicht, barfuß, Unter-*
*hose) sitzt wieder in der Grube, mit dem Rücken an die*
*Wand gelehnt. Nach einer Weile kommt Heinz daher*
*(ohne Ochsenziemer), steigt zu Rukeli herunter, setzt*
*sich neben ihn, zündet sich eine Zigarette an.*

**HEINZ:** Mann! Was für'n Kampf! – Seine Frau und seine
Kinder waren drin, hast du sie gesehen? Und – du
wirst es nicht glauben – sie haben dich genauso beju-
belt wie die Häftlinge. *(Lachend:)* Also – ob das wirklich eine gute Ehe ist? Ich glaub, sie hat das mit seiner Geliebten erfahren. Was meinst du?
*Rukeli antwortet nicht.*
**HEINZ:** Der traut sich doch gar nicht nach Hause. Der
Mann ist erledigt, das sag ich dir. – Aber ich glaub,
er ist trotzdem fair, irgendwie war er das ja immer,
als Sportler; ich denke, er wird dich nicht umbringen. – Ein, zwei Wochen noch, höchstens, und alles
ist vorbei. Du legst schon ein gutes Wort für mich
ein, oder? Ich war nie Parteigenosse. – Alle Städte
zerbombt, weiß du das? Auch dein schönes Berlin
in Schutt und Asche. Hannover komplett hinüber.
Und Hamburg, eine halbe Stunde weg von hier, das
stolze Hamburg – ebenfalls ein einziger Trümmer-
haufen. Das haben wir notwendig gehabt. – He, was
ist mit dir? Du bist der Sieger!
**RUKELI:** Er hat mein Kind.
**HEINZ:** Was sagst du?
**RUKELI:** Doktor Ritter. Er hat mein Kind. Meine Rita.
Und ich konnte ihn nicht umbringen.

**Heinz:** Entschuldige, Rukeli, ich hätt dir das gleich sagen sollen.

**Rukeli:** Was?

**Heinz:** Er hat sie nicht. Er hat deine Rita nicht. Der Mann hat gelogen. Um dich fertigzumachen.

**Rukeli:** *(richtet sich auf)* Er hat sie nicht?

**Heinz:** Nein! Olga ist mit dem Kind untergetaucht. Wie ich es ihr geraten hab. Der Ritter sucht schon seit drei Jahren nach ihr. In ganz Deutschland. Aber da kann er lange suchen. Deine Olga ist nicht auf den Kopf gefallen. Und sie hat gute Freunde.

**Rukeli:** Woher weißt du das alles?

**Heinz:** Der Ritter hat's dem Wolf erzählt. Hat ihm was vorgejammert. Dass deine Rita so ein wertvolles Forschungsobjekt wäre.

*Rukeli umarmt Heinz, steht auf.*

**Rukeli:** Sie leben. Sie leben! Dann will ich auch leben!

**Heinz:** Klar wirst du leben! Wir lassen uns doch jetzt nicht unterkriegen, in den letzten Minuten.

*Wolf kommt in seiner Uniform, schaut auf die beiden hinunter. Er ist vollkommen fertig.*

*Ein Auge ist zugeschwollen, er trägt über einer Augenbraue ein Pflaster.*

*Sie drehen sich nach Wolf um, Heinz steht erschreckt auf, legt die Hände an die Hosennaht.*

**Wolf:** Vielleicht sollte ich ihn erschießen, diesen Doktor Ritter. Schleicht sich in mein Lager ein. Um seine Kaninchenversuche durchzuführen, wie er das nennt. – Weißt du, was er heute getan hat, Rukeli? Er hat zwanzig seiner Kaninchen erhängt, zwanzig Kinder, und hat sie dann durch den Schornstein gejagt. Um die Spuren zu verwischen, damit ihm dann die Engländer nichts nachweisen können. – Dich wollte er auch haben, Rukeli, für seine Versuche. Ich lass mir doch nicht meinen besten Boxer wegnehmen. – *(Schaut sich um, schreit:)* Magda! Magda! – Habt ihr meine Frau gesehen?

**HEINZ:** Nein, Herr Obersturmbannführer!

**WOLF:** Ich finde sie nicht mehr. Die Kinder auch nicht. Das Haus ist leer. – Du hast meine Frau nicht gesehen, Rukeli?

*Rukeli schüttelt den Kopf.*

**WOLF:** Sie wollte unbedingt ein Autogramm von dir. Du hast sie nicht irgendwo versteckt?

**RUKELI:** Ich hab sie nicht gesehen, Wolf.

**WOLF:** Vielleicht ist sie in der Gärtnerei. Sie ist Blumenliebhaberin. *(Er geht weg, kommt wieder zurück.)* Hast du mich Wolf genannt, 9841?

**RUKELI:** Du musst dich nicht mehr aufspielen. Es ist vorbei. Zieh deine Uniform aus und hau ab nach Hamburg.

**WOLF:** Nach Hamburg ... Was soll ich in Hamburg? Ja, meine Mutter ist dort, im Rollstuhl, ständig meckernd, nicht zum Aushalten. *(Schreit:)* Magda! Warum lässt du mich im Stich!? – Versteck dich nur, ich finde dich schon. *(Geht wieder weg.)* Wenn du mir meine Kinder wegnimmst, bring ich dich um!

**RUKELI:** He, Wolf! Ich muss dir natürlich schon noch sagen, dass ich etwas enttäuscht bin von dir, deutscher Faustkämpfer.

*Wolf dreht sich um.*

**RUKELI:** Du hältst dich nicht an die Abmachung. – Der Verlierer stirbt.

*Wolf kommt wieder her.*

**WOLF:** Du hast getanzt. Du hast wieder getanzt. Ich dachte, ich hätte dir das abgewöhnt.

**RUKELI:** Das wäre gegen meine Natur. Ein Tänzer bleibt immer ein Tänzer.

**WOLF:** Jede Nation hat ihren eigenen Boxstil. Der hagere Engländer kämpft elegant und ritterlich aus der Distanz. Der bullige Amerikaner kämpft aus der rauen Lebenshaltung der Farmer und Trapper heraus; er greift pausenlos an und weicht dem Gegner nicht von der Pelle. Deutscher Boxstil heißt: fest am Boden stehen und gnadenlos zuschlagen. Es gibt kein Zurückweichen. Das wollte ich dir beibringen.

**RUKELI:** Was schwafelst du da? Hat Max Schmeling einen deutschen Stil? Jeder Boxer kämpft anders, jeder hat seinen eigenen Stil; Nation interessiert nicht, auf das Ergebnis kommt es an. Wer von uns beiden hat gewonnen? Willst du dich jetzt herausreden, oder was?

**WOLF:** *(zu Heinz)* Warum arbeitet der Mann nicht?

*Heinz starrt ihn verblüfft an.*

**WOLF:** Warum arbeitet der Mann nicht?

**HEINZ:** *(hilflos)* Es ist Nacht.

**WOLF:** Er soll arbeiten. Dazu ist er hier. *(Schreit:)* Hast du mich nicht verstanden? Er soll arbeiten! Los! Bring ihn dazu! Oder willst du den Befehl verweigern?

**HEINZ:** *(legt die Hände an die Hosennaht)* Nein, natürlich nicht, Herr Obersturmbannführer! – Rukeli, entschuldige, sei so gut ... *(Deutet auf Schaufel.)*

*Rukeli bleibt unbewegt stehen, starrt Wolf an.*

**WOLF:** Du hast mir nicht so frech in die Augen zu schauen! *(Zu Heinz:)* Schlag ihn! Bring ihn zum Arbeiten! Schlag ihn!

*Heinz schaut verzweifelt um sich, Wolf bückt sich, nimmt ein verdrecktes Holzstück, das die Form eines Knüppel hat, wirft Heinz den Knüppel zu, dieser kann ihn nicht fangen, er fällt zu Boden.*

**WOLF:** Du sollst ihn schlagen, hab ich gesagt!

*Rukeli dreht sich von Wolf weg, wendet ihm den Rücken zu. Er weiß, wie das enden wird, nimmt es hin.*

*Heinz nimmt den Knüppel, schlägt damit Rukeli nicht allzu fest an den Oberarm.*

**HEINZ:** Arbeiten, los!

*Wolf zieht seine Pistole, richtet sie auf Heinz. Dieser weicht angstvoll zurück.*

**HEINZ:** Herr Obersturmbannführer!

**WOLF:** Schlag ihn, oder ich erschieß dich.

**HEINZ:** *(schlägt auf Rukeli ein)* An die Arbeit! Los! Mach schon! An die Arbeit!

*Rukeli wurde am Kopf getroffen, knickt auf die Knie ein. Wolf schießt in die Luft, Heinz gerät in Panik, schlägt immer heftiger auf Rukeli ein, dieser fällt zu Boden. Heinz hört auf.*

**WOLF:** Er soll aufstehen! Er soll aufstehen!

**HEINZ:** *(prügelt weiter auf Rukeli ein)* Steh auf! Steh auf! Steh auf! Steh auf!

*Da Rukeli keinerlei Reaktionen auf die Schläge zeigt, kniet sich Heinz zu ihm hin, greift ihm an den Hals.*

**HEINZ:** *(schaut Wolf an, tonlos)* Er ist tot.

*Wolf steigt herunter, rutscht im Lehm aus, richtet sich wieder auf, beugt sich zu Rukeli, starrt ihn an.*

**HEINZ:** *(sinkt verzweifelt auf die Knie)* Er ist tot! Er ist tot!

*Wolf kniet sich zu Rukeli, schaut ihn lange an.*

**WOLF:** Du glaubst, ich halte mich nicht an die Abmachung? Da kennst du einen deutschen Boxer und Offizier schlecht.

*Wolf greift in den Lehm, beschmiert sich das Gesicht, steht auf, steigt aus der Grube, geht weg. Als er verschwunden ist, knallt ein Schuss aus seiner Richtung. Nach einer Weile wird es ganz hell.*

*Mitreißende, frohe Sinti-Musik. Alle kommen: Vater*
*Schnipplo, Mutter Pessi, die Brüder Carlo und Stabeli,*
*Olga mit dem Kind Rita am Arm. Alle umringen Rukeli,*
*dieser steht auf, umarmt und küsst Olga, nimmt das Kind,*
*hebt es hoch, küsst es, drückt es an sich. Alle gehen mit*
*Rukeli in den Ring, sie tanzen und singen, die Brüder*
*heben Rukeli auf ihre Schultern, er reißt lachend die Arme*
*hoch. Alle freuen sich sehr.*

## ENDE

**Marie-Luise Ramos-Farina, geb. Trollmann**
**Nachwort**

Das tragische Schicksal von Johann „Rukeli" Trollmann steht für alle Menschen, die den staatlich orga-
nisierten Völkermord in den Jahren 1933–1945 von der
gesellschaftlichen Ausgrenzung und der Zerstörung
ihrer Persönlichkeit bis zur Ermordung im Konzentrationslager erlitten haben.

Rukeli gehört zweifellos zu den herausragendsten
Sportler-Persönlichkeiten, die unsere Minderheit her-
vorgebracht hat, und ist als einzigartig im Boxsport zu
bezeichnen.

Am 9. Juni 1933 errang Rukeli Trollmann die deutsche Boxmeisterschaft. Nur acht Tage später wurde ihm
der Titel wieder aberkannt. Dafür gab es nur einen einzigen Grund: Er war Sinto. Er galt als Nichtarier und
war somit des Titels „Deutscher Meister" unwürdig.

Als Zigeuner sah sich Rukeli Trollmann einer syste-
matischen Diffamierungskampagne ausgesetzt. In der
Boxsportpresse wurde seine Technik als „undeutsch"
und „artfremd" dargestellt. Die Geschichte seines sport-
lichen Niederganges ist auch ein beschämendes Zeug-
nis von Opportunismus und Feigheit der Boxverbände
und des Sportjournalismus.

Rukeli wusste, dass es für ihn in diesem Deutschland keine sportliche Zukunft geben konnte.

Am Ende seiner Karriere stellte Trollmann die Un-
menschlichkeit und Absurdität der nationalsozialistischen Rassenideologie noch einmal in aller Öffent-
lichkeit bloß, als er sich vor seinem Kampf gegen
Gustav Eder am 21. Juli 1933 die Haare blond färbte,

sein Gesicht weiß puderte und sich nahezu wehrlos niederschlagen ließ. Dieser letzte große öffentliche Auftritt war ein bewusster Akt des Widerstands gegen einen Staat, der Menschen nur auf der Grundlage ihrer Geburt, zunächst die bürgerlichen Rechte und schließlich das bloße Existenzrecht absprach.

Sein persönlicher Mut ringt uns heute Respekt und Bewunderung ab.

In den folgenden Jahren waren Rukeli und seine Familie – die in Hannover fest verwurzelt war – einem immer unerbittlicheren Zugriff des nationalsozialistischen Verfolgungsapparats ausgesetzt.

So wie seine Brüder Wilhelm (Karlo), Albert (Bernhard) und Ferdinand (Lolo), wurde auch Julius (Mauso), ein jüngerer Bruder Rukelis, in ein Arbeitslager deportiert, wo er so brutal misshandelt wurde, dass er nach langjährigem Krankenhausaufenthalt im Krankenhaus in Langenhagen bei Hannover verstarb.

Heinrich (Stabeli), der jüngste Bruder von „Rukeli", war ein Virtuose auf der Violine, er wurde im KZ Auschwitz ermordet.

Rukeli selbst konnte für einige Jahre untertauchen, ehe er 1939 zum Militär einberufen wurde.

Später kam er an die Ostfront, wurde jedoch kurz darauf aufgrund der Rassengesetze aus der Wehrmacht ausgeschlossen. Nach Hannover zurückgekehrt, wurde er in der Wohnung seines ältesten Bruders Karlo in Anwesenheit seiner Schwägerin Erna, sowie seiner achtjährigen Nichte Elfriede und deren Schwester Marlis, verhaftet.

Sie wurden brutal misshandelt und die achtjährige Elfriede erlitt dabei schwerste Kopfverletzungen, unter denen sie ein Leben lang litt.

Aus dem Gefängnis in Hannover, in dem Rukeli schwerster Folter ausgesetzt war, wurde er schließlich 1942 in das Konzentrationslager Neuengamme eingeliefert. Dort machten sich die Bewacher einen Spaß daraus, den von der Zwangsarbeit und den unmenschlichen Lebensbedingungen völlig entkräfteten ehemaligen Deutschen Meister zu demütigen, indem sie ihn immer wieder gegen die stärksten SS-Männer boxen und verlieren ließen.

1944 wurde er in Wittenberge, einem Außenkommando von Neuengamme, erschlagen.

Im Jahr 2003 hat der Bund der deutschen Berufsboxer Johann Trollmann den deutschen Meistertitel nachträglich zuerkannt. Allerdings erfolgte diese symbolische Rehabilitierung erst nach massivem, öffentlichem Druck.

Im August 2004 wurde in Hannover eine Straße in „Johann-Trollmann-Weg" umbenannt. Bei der Zeremonie war auch die inzwischen verstorbene Nichte Elfriede anwesend.

Auch wenn Buch-, Film- und Theaterprojekte sein tragisches Schicksal in den letzten Jahren bekannt gemacht haben, hat er immer noch nicht die Würdigung und öffentliche Anerkennung erfahren, die ihm angesichts seiner Bedeutung als Sportler und als tragische Figur der Zeitgeschichte zusteht.

Der Verein Rukeli Trollmann e.V., unser erster Vorsitzender Alfonso Ramos-Farina und unser zweiter Vorsitzender Wolfgang Trollmann sehen in dem Theaterstück und dem Buch von Felix Mitterer ein weiteres Mosaik-Teil, das dazu beitragen wird, dass Rukeli Trollmann die Anerkennung erfährt, die ihm zusteht.

Dr. Robert Ritter bei Blutabnahme
(Bundesarchiv, R 165 Bild-244-70 / CC-BY-SA)

Dr. Robert Ritter mit alter Frau und Polizist
(Bundesarchiv, R 165 Bild-244-71 / CC-BY-SA)

**Besetzung und Stab der Uraufführung**
**im Theater in der Josefstadt in Wien am 29. Januar 2015**

| | |
|---|---|
| Johann „Rukeli" Trollmann, *Sinto, Boxer* | Gregor Bloéb |
| Reinhard Wolf, *Boxer, später SS –Obersturmbannführer und Lagerkommandant* | Raphael von Bargen |
| Olga Bilda, *deutsche Frau von Rukeli* | Hilde Dalik |
| Vater Wilhelm „Schnipplo" | Michael König |
| Mutter Friederike „Pessi" | Elfriede Schüsseleder |
| Bruder Wilhelm „Carlo"/ Kid Francis | Ljubiša Lupo Grujčić |
| Bruder Heinrich „Stabeli" | Matthias Franz Stein |
| Heinz Harms, *Polizist bei der „Zigeunerzentrale" in Hannover* | Peter Scholz |
| Dr. Robert Ritter, *Leiter der Rassenhygienischen Forschungsstelle* | Dominic Oley |
| Sprecher/ein SS-Mann | Martin Niedermair |
| Stimme von Ceija | Sarah Gärtner-Horvath |
| Stimme von Ceija | Indira-Rani Gussak |
| | |
| Regie | Stephanie Mohr |
| Bühnenbild | Florian Parbs |
| Kostüme | Nicole von Graevenitz |
| Musikalische Leitung | Stefan Lasko |
| Box-Coach | Ernst Dörr |
| Dramaturgie | Barbara Nowotny |
| Licht | Manfred Grohs |
| Fotograf | Erich Reismann |
| Regieassistenz | Clara Rybaczek |
| Souffleuse | Ingrid Christina Winkler |
| Inspizienz | Claudio Hiller/Walter Fischer |
| Bühnenbildassistenz | Veronika Lassenberger |
| Kostümassistenz | Daniela Tidl |
| Regiehospitanz | Victoria Tichy |
| Dramaturgiehospitanz | Johanna Stiglhuber |